Mi cocina
para el sistema
inmunitario

HISPANO
EUROPEA

MARIE BORREL

Mi cocina
para el sistema inmunitario

20 productos esenciales
40 recetas sencillas y apetitosas

LA ALIMENTACIÓN: FUENTE DE SALUD

FOTOGRAFÍAS : MICHEL LANGOT

ÍNDICE

El viaje del explorador no consiste en descubrir tierras nuevas sino en saber mirar con otros ojos.

MARCEL PROUST

En busca del tiempo perdido

PRÓLOGO

Apasionado de la nutrición durante casi treinta años, es para mí un placer y un honor escribir el prefacio de esta colección. Un placer porque la nutrición está en el centro de todas las investigaciones que he llevado a cabo en numerosos ámbitos (obesidad, inmunología, oncología, enfermedades degenerativas…). Un honor porque Marie Borrel forma parte de esos profesionales de la escritura que pueden presumir de buena pluma y que saben transmitir mensajes con el corazón y con el espíritu. Todo eso es necesario para que el público aprenda, comprenda y pueda integrar verdaderamente nuevos hábitos alimentarios en su vida cotidiana. Toda forma de conocimiento es preciosa y fundamental cuando se trata de conseguir que las mentalidades evolucionen.

Puede parecer extraño que un médico especialista, neurobiólogo, haya asociado la nutrición a todos sus programas de investigación. Pero todo se comprende con facilidad si pensamos que los alimentos y el acto de nutrirse han sido considerados sagrados durante más de diez mil años. Ninguna prescripción médica se ha llevado a cabo jamás, sin las recomendaciones dietéticas correspondientes. En ocasiones, incluso el «régimen alimenticio» es el único tratamiento prescrito.

«Que tu alimento sea tu primer medicina», decía Hipócrates, padre de la medicina moderna. Glorificamos su nombre pero olvidamos demasiado pronto sus conceptos fundamentales para mantener una buena salud. Hemos banalizado la comida: hace más de medio siglo que esta forma parte de una estrategia de *marketing*. En la actualidad tratamos los alimentos como elementos externos a nuestra conciencia del mundo.

Sin embargo, la alimentación nos crea, nos impregna y nos educa. Es lo que comemos lo que nos permite desarrollarnos, renovarnos, mantener la extraordinaria maquinaria de nuestro organismo. Hay que entender que la manera de alimentarse, la forma de crear platos, de asociar alimentos para conseguir recetas sabrosas y equilibradas, adaptadas a diferentes situaciones y a los problemas de la vida diaria, influye directamente en nuestra salud física y mental, en nuestro bienestar y en nuestra vitalidad. En esta colección, Marie Borrel propone consejos prácticos y recetas simples para reanudar el hábito de la nutrición saludable y, sobre todo, la nutrición que nos haga felices. No lo olvidemos nunca: somos lo que comemos y lo que pensamos. Espero que estas recetas nutran vuestros cuerpos y vuestras almas, alimentando la alegría de vivir. Este es, sin duda alguna, el objetivo de la presente colección. En cualquier caso, me permito deseároslo de todo corazón.

DR. YANN ROUGIER

>>> **INTRODUCCIÓN**

Las claves de la alimentación inmunoestimulante

Nos vemos rodeados, permanentemente, de miles de gérmenes. Son tan numerosos y variados que es ilusorio querer eliminarlos a toda costa, puesto que los medios estériles son incompatibles con la vida. Por otra parte, vivimos en armonía con la mayor parte de esos microbios, pues algunos participan de nuestras funciones vitales: bacterias intestinales indispensables para el tránsito y para la asimilación de los nutrientes; bacterias cutáneas protectoras de nuestra epidermis...

>>> ¿Compañeros inofensivos u hostiles?

Por tanto, nos vemos forzados a convivir con estos compañeros microscópicos, de los cuales solo una parte muy pequeña nos puede causar daño. Un dato nada más: entre los microbios malintencionados, algunos de ellos son responsables de enfermedades graves, incluso mortales. Por suerte, estamos dotados de un sistema muy complejo y, en principio, competente, capaz de impedir que este intruso penetre en nuestro organismo: el sistema inmunitario.

Este dispositivo sabe reconocer y bloquear a los agresores, a fin de que podamos gozar de buena salud. Por ello no deberíamos enfermar nunca. Sin embargo, en ocasiones, un agresor más fuerte o valiente que otros logra infiltrarse a través de nuestras líneas de defensa. Se instala en su órgano predilecto, provocando síntomas, malestar y problemas. ¿Por qué? Porque nuestras defensas se han visto, por un instante, desbordadas.

Para estimular nuestro sistema inmunitario y evitar los fallos que nos llevan a enfermar tenemos que mimar nuestro sistema defensivo. Para ello disponemos de varias armas, todas ligadas a una vida sana. La relajación y el manejo de las emociones, por ejemplo, permiten resistir mejor el estrés, que ha probado ser uno de los enemigos más temibles de nuestro sistema inmunitario.

La alimentación es otra de las armas que podemos utilizar: como todas nuestras funciones vitales, la inmunidad necesita nutrientes para funcionar correctamente. Si carecemos de estos, ciertas etapas de este deli-

LOS MEDICAMENTOS ASESINOS DE MICROBIOS

Los medicamentos antibióticos actúan directamente sobre los microbios, a los que les impiden reproducirse. De esta manera ponen fin a las infecciones bacterianas, microbianas y fúngicas. Pero no tienen ninguna acción sobre los virus, pues estos penetran en el corazón de las células, a las que colonizan desde el interior. Para destruirlos, primero hay que atacar a las células colonizadas, algo que los antibióticos no pueden hacer.

cado dispositivo no pueden desplegarse correctamente, lo que abre las puertas a potenciales enemigos.

Pero antes de ponernos manos en la masa, vamos a hacer un recorrido por los entresijos de nuestro sistema inmunitario.

>>> Un ejército bien organizado

Nuestro cuerpo posee una batería impresionante de medios, imbricados unos a otros como los puntos de un jersey, para rechazar a aquellos agresores que pudieran tener la audacia de atacarlo. Este mecanismo de defensa se ha ido forjando lentamente a lo largo de millones de años de evolución. Nuestros más lejanos ancestros ya eran agredidos por el frío, el calor, la humedad o la sequía, pero también por diversos virus y bacterias, hongos y microbios. Poco a poco se fueron organizando dos sistemas de protección: uno, para adaptarnos a las condiciones exteriores, el otro, para protegernos de las agresiones interiores. Es a este segundo al que se denomina «inmunidad». Es un verdadero ejército, con sus puestos de comando, sus abnegados soldados, sus estrategias y sus trasmisiones.

Este ejército responde a una primera consigna, tan simple que parece absurda: «Yo soy yo, el otro es el otro». Una constatación simplista, pero indispensable si se quiere reconocer a los intrusos antes de rechazarlos. El enemigo está por todas partes, tanto en el exterior como en el interior. Tocamos microbios a lo largo del día, los respiramos al mismo tiempo que el aire, los tragamos cuando comemos... El enemigo se oculta incluso, a veces, en lo más profundo de nuestro organismo, bajo la forma de células «locas» que nuestro sistema inmunitario debe reconocer para poderlas eliminar. Un sistema inmunitario perfectamente eficaz debería protegernos de todos esos enemigos, sin distinción.

>>> En primera línea...

La primera línea de defensa de nuestro ejército está constituida por grandes células glotonas: los macrófagos. Se las llama así puesto que «se comen» a los invasores. Engullen tanto a los microbios como a las partículas contaminantes del aire o a las células muertas. Los macrófagos vigilan a los extraños, están al acecho cerca de los puestos fronterizos y los liquidan cuando aparecen. Es lo que se denomina «inmunidad natural no especificada». Todos los agresores son tratados por igual, sean virulentos o no, tanto si se trata de virus o de hongos, como de recién llegados o de viejos conocidos.

Sin embargo, los agentes patógenos consiguen, en ocasiones, traspasar las primeras líneas de defensa. El problema se vuelve, entonces, más serio y el mecanismo que se pone en marcha es más complejo. Esta segunda línea de defensa se denomina «inmunidad específica» o «inmunidad adquirida». Se construye progresivamente cada vez que hay un encuentro con invasores. Siempre que esta segunda línea da con un microbio, este es inscrito en los archivos de manera que sea reconocido rápidamente la próxima vez. Esta tarea destructora se ve asegurada por los glóbulos blancos, los linfocitos.

ANTIBIÓTICOS AMBIVALENTES

El descubrimiento de los antibióticos ha permitido la erradicación de determinadas enfermedades infecciosas mortales. No obstante, su utilización a gran escala ha dado lugar a excesos nefastos. Al contacto con los antibióticos, las cepas microbianas mutan y se vuelven resistentes. A fuerza de absorber estos medicamentos al menor resfriado, también hemos disminuido su eficacia. En la actualidad, las autoridades occidentales de farmacovigilancia alertan contra la utilización excesiva de los antibióticos. Si queremos disfrutar de su incomparable «fuerza disuasoria» en caso de una infección grave, tenemos que aprender a luchar contras las infecciones benignas por otros medios. ¡La alimentación inmunoestimulante es uno de ellos!

>>> Un escenario en tres fases

El combate se desarrolla en tres fases. Imagina el primer encuentro: agresores y defensores cara a cara. Los primeros están compuestos por antígenos. Los segundos, los linfocitos, tienen que secretar las armas adaptadas a cada uno, los anticuerpos. Cada anticuerpo se corresponde de manera precisa con un antígeno. Como algunos intrusos están compuestos de más antígenos, los linfocitos deben secretar más anticuerpos específicos para acabar con ellos. Durante ese primer encuentro, el trabajo inmunitario consiste en encontrar los anticuerpos apropiados.

Pero esto no es todo, pues el sistema inmunitario es previsor y está bien organizado. Para prepararse para futuros encuentros, «ficha» a los intrusos, como lo haría un servicio de policía con los malhechores reincidentes. Así, durante el siguiente encuentro, los linfocitos reconocen a sus agresores y disponen de inmediato de los anticuerpos necesarios: el enemigo es neutralizado antes de tener tiempo de provocar el más mínimo daño. Esto explica nuestra reacción a ciertas enfermedades, como la rubéola, la cual solo podemos pasar una vez: las infecciones siguientes serán sofocadas antes de que se presente la más mínima señal de alerta.

La gran familia de los linfocitos

Los linfocitos, agentes especializados de esta inmunidad adquirida, constituyen una gran familia. Nacen en el hígado durante el trascurso de la vida fetal. Después migran hacia otros órganos, donde prosiguen con su formación. Efectivamente, cada tipo de linfocito se especializa. Los linfocitos B, que se «forman» en la médula ósea, tienen por tarea conservar la memoria de los agresores que se encuentran y de secretar los anticuerpos apropiados. Los linfocitos T, que siguen su formación en el timo, asumen más funciones: auxiliares, asesinos, supresores, *natural killers*… Los linfocitos T auxiliares, por ejemplo, incitan a los linfocitos B a producir más anticuerpos. A la inversa, los T supresores les dan la orden de parar cuando el enemigo es neutralizado. Los *natural killers* atacan a los enemigos venidos del interior, como las células cancerígenas.

Este ejército de buenos soldaditos es, permanentemente, mantenido al corriente del desarrollo de las operaciones gracias a una red de informadores celosos: hormonas, linfoquinas, interleuquinas…

> **¡LA FELICIDAD ES SALUD!**
>
> *En los años ochenta los investigadores descubrieron, en la superficie de los glóbulos blancos, los receptores específicos destinados a recibir ciertas neurohormonas, las mismas que nuestro cerebro segrega en los momentos de estrés. Así, nuestro sistema inmunitario se mantiene al corriente, permanentemente, de nuestros estados de ánimo y de nuestras emociones. Es por esta vía, entre otras, que el estrés disminuye nuestras defensas inmunitarias, al igual que nuestro equilibrio físico y emocional las refuerza.*

Eficaz, pero no infalible

Este escenario es esquemático, pues la realidad es mucho más compleja, pero nos permite hacernos una idea de lo que ocurre. Una bacteria intrusa se presenta. Se tropieza en primer lugar con los macrófagos que la intentan devorar, pero consigue pasar este primer control. Se encuentra entonces con los linfocitos, a los que los macrófagos les han pasado un informe de la invasión. Los linfocitos, que conocen ya a esta bacteria, producen rápidamente los anticuerpos adaptados que rodean al agresor como un cordón policial para impedirle actuar. Al mismo tiempo, se ha dado la orden a los subalternos para que vigilen la buena marcha de las operaciones, a fin de llamar a los refuerzos en caso necesario, o de poner fin al conflicto cuando el peligro haya sido alejado. Si la organización general funciona bien, el asunto se soluciona con rapidez. Pero basta con que un mensaje se pase mal y toda la operación se pone en peligro. La respuesta inmunitaria es demasiado lenta, incompleta, insuficiente… La fragilidad de nuestra inmunidad está ligada a su propia naturaleza: cuanto más complejo es un sistema, más fácil es que presente algún fallo. Y en esta materia los riesgos son numerosos. En primer lugar, forzosamente ha de pasar un tiempo entre la agresión microbiana y la respuesta inmunitaria. Incluso aunque este lapso de tiempo sea mínimo, puede ser suficiente para que el agresor se instale. En segundo lugar, los linfocitos pueden resultar perezosos, mal organizados, insuficientes… Son muchas las brechas por las que el enemigo se puede infiltrar.

>>> El reino de las desigualdades

Un sistema inmunitario en perfectas condiciones debe también mantenernos protegidos tanto del catarro como del sida, de la gripe como del cáncer. No tiene en cuenta la gravedad de los riesgos que se asumen. ¡Un microbio es un microbio! Sin embargo, este cuadro idílico no se corresponde con nuestra realidad. En primer lugar, cada uno de nosotros es diferente ante los riesgos de infección. Ciertas personas disponen, desde su nacimiento, de un sistema inmunitario más competente que otras. Es injusto, pero es así. La herencia se expresa también en este terreno.

Se unen a esto numerosos factores ligados a nuestra vida emocional. La fatiga nerviosa perturba la respuesta inmunitaria, como el estrés, la depresión, la tristeza… No es casual que aparezca un herpes cada vez que sufres un disgusto, o que pilles un catarro cuando tienes problemas de trabajo. El sistema inmunitario está en interacción constante con el sistema neurohormonal. Cuando montamos en cólera, por ejemplo, secretamos una mayor cantidad de adrenalina. Ahora bien, esta neurohormona activa los linfocitos T supresores, los mismos que ponen fin a las hostilidades cuando el agresor es neutralizado. Bajo el efecto de la adrenalina, estos se vuelven demasiado optimistas y se retiran prematuramente, dejando el campo libre al agresor.

>>> Los reflejos inmunitarios

Estos son solo algunos ejemplos que muestran la extraordinaria complejidad de nuestro sistema inmunitario. Este trabaja sin descanso, neutralizando a miles de agresores cada día. Sufre los asaltos de nuestros estados de ánimo, de nuestro agotamiento físico y psíquico, de la contaminación medioambiental… Sin embargo, siempre permanece en su puesto y, salvo raras ocasiones, no deja que se infiltren los intrusos.

Es capaz de asombrosas adaptaciones: nuestra inmunidad reacciona a veces de manera refleja. En los años treinta, siguiendo las huellas de Pávlov -cuyos trabajos han continuado siendo célebres-, diversos científicos estudiaron los reflejos condicionados. En 1931, uno de ellos, llamado Metalnikov, practicó en conejos con inyecciones intravenosas que contenían microbios atenuados del cólera. En veinticinco ocasiones, los conejos recibieron la misma inyección, al mismo tiempo que escuchaban el sonido de una trompeta. A cada contacto con los agresores, el sistema inmunitario de los conejos se movilizaba y el número de glóbulos blancos aumentaba. Ocho días después de la última inyección, Metalnikov hizo que los animales escuchasen el sonido de la trompeta. Su sistema inmunitario se movilizó y el científico pudo constatar una multiplicación de anticuerpos, como si el agresor hubiera estado presente. ¿Dónde se esconde esa «memoria»? Nadie lo sabe, pero la realidad es esta...

La ciencia aún no ha podido descubrir todos los secretos de nuestra inmunidad, ni realizar el recorrido de las innumerables interacciones entre este sistema y el resto de nuestro funcionamiento biológico. Sin embargo, una cosa es segura: disponemos de armas simples para ayudar a que nuestro sistema inmunitario funcione en las mejores condiciones posibles, sea cual sea nuestra herencia y el medio en el que vivamos. Además del manejo del estrés, podemos tratar de vivir en una casa sana, sin por ello caer en una obsesión nociva.

Los numerosos microbios se propagan en el ambiente. Sin necesidad de respirar un aire cien por cien aséptico, es fácil evitar las grandes concentraciones microbianas aireando el lugar donde vivimos, al menos una vez por día. Es suficiente con cinco minutos con las ventanas abiertas para reemplazar por entero el aire de una habitación de tamaño mediano.

A los hongos, responsables de las micosis, les gusta la humedad. No es casual que estas enfermedades se desarrollen fácilmente entre los dedos de los pies, bajo las uñas o en las mucosas. Ciertos hongos microscópicos se propagan, igualmente, por el aire, y esto es tanto más fácil si la atmósfera interior es húmeda, como a menudo es el caso de las cocinas. En ellas, es necesario ventilar con regularidad, e instalar un sistema de ventilación permanente.

La nevera, húmeda y fría, puede también convertirse en un verdadero nido de microbios, ¡lo cual es un inconveniente cuando se piensa en estimular la inmunidad por la vía de la alimentación! Para no arriesgarnos a aumentar el riesgo de infección, al tiempo que aumentamos la eficacia de nuestro sistema inmunitario, tenemos que vigilar la higiene de la nevera. Para detener de manera eficaz la proliferación de microorganismos alimenticios, debemos vigilar que la temperatura sea inferior a los 4°C. Para lograrlo simplemente debemos colocar un termómetro de congelación y consultarlo con regularidad. Ciertos alimentos, como el pescado fresco o la carne picada, deben conservarse a temperaturas más bajas (2°C como máximo). A parte de la limpieza, una nevera debe vaciarse totalmente dos veces al mes, a fin de lavarla con cuidado y aclararla con agua clorada.

>>> Para cocinar sin microbios

Antes de pasar a la elección de los alimentos, he aquí unas acciones simples que permitirán cocinar en buenas condiciones higiénicas. En primer lugar, hay que lavarse las manos antes de ponerlas en la masa. Parece una tontería, pero este simple gesto libra nuestras manos de miles de huéspedes indeseables. Un estudio estadounidense ha demostrado con claridad la utilidad de este gesto. Los investigadores hicieron el seguimiento de un grupo de niños que, en la escuela, tenían que lavarse las manos con jabón cuatro veces al día. Al cabo de dos meses, las ausencias debidas a problemas digestivos se habían reducido en un 51 por ciento en este grupo (con relación al resto de la clase) y aquellas relacionadas con infecciones respiratorias en un 25 por ciento. Para que un lavado de manos sea eficaz, se tiene que hacer con jabón, seguido de un enjuague cuidadoso.

Finalmente, hay que lavar las frutas y las verduras antes de consumirlas o de cocinarlas, para eliminar los gérmenes que se encuentran en la superficie. Sin embargo, atención con no exagerar: evita que los vegetales se ablanden, pues se corre el riesgo de que las vitaminas hidrosolubles que contienen se vayan con el agua. Conténtate con enjuagarlas bajo el agua corriente.

ACEITES ESENCIALES, ANTIBIÓTICOS NATURALES

Los aceites esenciales son extractos concentrados de plantas con múltiples virtudes: sedativas, estimulantes, digestivas... y, sobre todo, antibióticas. Los aceites esenciales son productos muy fuertes y cuyo uso debe hacerse con cuidado como para manejarlos por vía oral. Pero son muy útiles para mantener la acción del sistema inmunitario por vía externa. Los aceites esenciales de tomillo, eucalipto, lavanda y romero, difundidos por la atmósfera, permiten prevenirse contra la infección cuando una persona se encuentra acatarrada o con gripe en casa.

La alimentación inmunoestimulante

Todas las células implicadas en la respuesta inmunitaria (y son numerosas) necesitan, para realizar bien su tarea, ser alimentadas de manera correcta. Reclaman un aporte suficiente de energía, de vitaminas, de minerales y de oligoelementos... Para estimular la inmunidad es necesario ante todo seguir las reglas básicas de una alimentación sana: consumir alimentos frescos y variados, y organizar los platos de manera que equilibremos los aportes.

Los alimentos industrializados son mucho menos ricos en nutrientes que los frescos. Intenta por tanto, siempre que sea posible, dar prioridad a los alimentos integrales (pan, pasta, arroz, azúcar...) y evita los platos cocinados de manera industrial, pues los numerosos aditivos que contienen no favorecen la armonía metabólica.

La fatiga y el estrés perturban la respuesta inmunitaria, los alimentos antifatiga y antiestrés contribuyen a la eficacia de nuestras defensas. Pero una verdadera alimentación antiinfecciosa va más lejos...

Los nutrientes que estimulan la inmunidad

He aquí los principales nutrientes que necesita nuestro sistema inmunitario para funcionar a pleno rendimiento.

Los glúcidos

Son nuestros proveedores de energía número uno. Las células inmunitarias necesitan azúcar, que es su carburante esencial. Esta debe ser aportada de manera regular. Es por ello que es mejor contar con cereales integrales, féculas y leguminosas. Los alimentos azucarados (sobre todo bombones, pasteles, bebidas gaseosas...) provocan cambios brutales de insulina para el páncreas, que a menudo son seguidos de pequeños episodios hipoglucémicos generadores de fatiga. Ahora bien, la fatiga es uno de los enemigos de la inmunidad. Hay que añadir a esto que los glúcidos contenidos en los cereales integrales, las féculas y las leguminosas están asociados a micronutrientes favorables para la inmunidad.

>>> Las proteínas

Ciertos aminoácidos, contenidos en las proteínas, son utilizados por el organismo para fabricar las sustancias inmunitarias (interleucinas, interceptoras…) y las células inmunitarias (linfocitos, macrófagos…). Sin aminoácidos la inmunidad patina. Todas las proteínas no tienen el mismo contenido en aminoácidos. Las que provienen de los animales (carne, pescado, huevos…) son completas, y las que están contenidas en las verduras (sobre todo los cereales y las leguminosas) son incompletas –carecen generalmente de lisina, de metionina y de cisteína–. Es mejor confiar, por tanto, en las proteínas animales, sobre todo de aquellas provenientes de los productos del mar.

>>> Los lípidos

Estos nutrientes provienen de las materias grasas —aceites vegetales, mantequilla, crema, quesos—, así como de la carne o de los pescados grasos. Los lípidos están constituidos por ácidos grasos de dos tipos: saturados e insaturados. Esquemáticamente, los primeros tienen la nefasta tendencia a obstruir las arterias, mientras que los segundos son amigos de nuestras paredes celulares, a las que mantienen flexibles y permeables a fin de que los intercambios metabólicos no tengan trabas. Los ácidos grasos insaturados están contenidos, sobre todo, en los aceites vegetales y en la grasa del pescado, del marisco y de los crustáceos.

>>> Las vitaminas

Estas sustancias, presentes en cantidades muy pequeñas en la alimentación, son, sin embargo, indispensables. Algunas son particularmente importantes para la inmunidad.

La vitamina C

Estimula la respuesta inmunitaria, aumenta la producción de anticuerpos, favorece la división de los linfocitos… Dirige también los glúcidos y los ácidos grasos hasta las células, donde son utilizados. Es una vitamina de tono. Mejora la calidad de la piel al intervenir en la fabricación del colágeno. Por esta vía contribuye a protegernos contra las agresiones exteriores que se infiltran por las pequeñas heridas cutáneas. La vitamina C es más eficaz cuando se asocia a los flavonoides. Este es el caso de las frutas y las verduras.

Las vitaminas del grupo B

Intervienen, poco o mucho, en la respuesta inmunitaria. La vitamina B2, en especial, favorece el crecimiento celular, la B5 aumenta la producción de anticuerpos, la B9 facilita la asimilación del hierro, y la B12 participa en la síntesis de ciertas sustancias inmunitarias.

La vitamina A y los betacarotenos

La vitamina A refuerza globalmente las defensas. Actúa al nivel de las mucosas, a las que mantiene húmedas, de forma que atrapan los gérmenes que intentan penetrar por las vías respiratorias. Es, además, una vitamina antioxidante que, en asociación con las vitaminas C y E, protege a las células inmunitarias contra los radicales libres. Los betacarotenos son los precursores de la vitamina A, que el organismo transforma según sean sus necesidades.

La vitamina E

Participa especialmente en la síntesis de la interleucina 2, una sustancia que nos protege contra los virus y las células cancerosas.

>>> Los minerales y los oligoelementos

He aquí los principales minerales y oligoelementos implicados en la inmunidad que deben ser aportados por la alimentación.

El zinc

Participa en la producción de los anticuerpos. Es indispensable para la fabricación de los linfocitos y en la actividad de otros glóbulos blancos. La carencia de zinc se manifiesta por una gran debilidad frente a las infecciones. Pasados los sesenta años, el aporte de zinc es particularmente importante, pues permite compensar el descenso inmunitario natural ligado al envejecimiento.

El hierro

La falta de hierro se manifiesta por una bajada de defensas inmunitarias. Es el que permite que los glóbulos rojos de la sangre transporten el oxígeno hasta las células. Y todas ellas necesitan de este precioso carburante, incluidas las células inmunitarias.

El cobre

Ayuda al organismo a utilizar bien la vitamina C, esencial para las defensas inmunitarias. Disminuye las respuestas erróneas (alergias) y mejora la reacción contra las agresiones verdaderas.

El selenio

Este antioxidante mayor protege las células inmunitarias contra la acción destructiva de los radicales libres. El selenio está especialmente implicado en nuestra protección natural contra las células cancerosas. También es un depurador natural que nos protege contra los efectos de los metales pesados, del tabaco y del alcohol.

>>> La cocina inmunoestimulante

Ya estamos preparados para poner las manos en la masa. Dejemos vía libre a nuestra inspiración, creemos, inventemos platos mezclando los sabores de los principales alimentos antiinfección, sin olvidar las especias y las hierbas aromáticas, que estimulan la inmunidad.

Prestemos atención a los modos de cocción. Ciertas cocciones destruyen los micronutrientes más frágiles. Utilicemos más las cocciones suaves: al vapor (el agua no debe hervir a borbotones); al horno suave (menos de 180º C) y estofados (a fuego lento). Estas son las cocciones que preservan mejor los sabores. ¡De este modo podremos conjugar placer gustativo y refuerzo inmunitario!

El TOP 20 de los alimentos inmunoestimulantes

>>>   # LOS ALIMENTOS INMUNOESTIMULANTES

>>> El TOP 20 de los alimentos inmunoestimulantes

Para funcionar bien, nuestro sistema inmunitario precisa todos los nutrientes mayores: proteínas, lípidos, glúcidos... Numerosos micronutrientes se encuentran implicados, igualmente, en la respuesta inmunitaria: las vitaminas (sobre todo la vitamina C), los oligoelementos (como el hierro, el zinc, el cobre, el cromo...). Una buena alimentación inmunoestimulante es, ante todo, sana, fresca y equilibrada. A esto se suman ciertos alimentos que contienen sustancias que actúan directamente sobre las células inmunitarias. Es el caso del brócoli o de las frambuesas, por ejemplo. La cocina inmunoestimulante no tiene nada de monótona, ¡todo lo contrario!

EL PAN INTEGRAL COMPLETO

Virtudes inmunoestimulantes

>>> El pan integral se prepara con harina integral, es decir, poco refinada (al contrario del pan blanco, hecho con harina totalmente refinada). Refuerza una gran parte de los nutrientes contenidos en el trigo, de los cuales algunos participan en el buen funcionamiento de la inmunidad: las vitaminas del grupo B, la vitamina E, así como también el selenio, el cromo, el cobre, el zinc…

El pan completo es, igualmente, una buena fuente de fibras que regularizan el tránsito intestinal, lo cual interviene en la calidad de la respuesta inmunitaria.

Consejos de utilización

>>> Las dietas adelgazantes, tan populares hoy en día, han condenado el pan, que se encuentra excluido del equilibrio nutricional. Esto es un error, puesto que el pan es excelente, a condición de ser considerado como un alimento aparte, completo y no como un acompañante de la comida.

Acostúmbrate a comer pan completo en las comidas que no tengan otra fuente importante de glúcidos (pastas, arroz, patatas…).

El pan completo tostado puede formar parte integrante de ciertos platos. En este caso, sírvelo al mismo tiempo que el plato principal o preséntalo en recipientes individuales.

Dale más importancia al pan completo biológico, pues los pesticidas y los residuos de abonos químicos se concentran en la corteza de los granos de trigo.

Asociaciones

>>> El pan completo contiene una pequeña cantidad de proteínas, difíciles de asimilar pues carecen de un aminoácido esencial, la lisina. Esta se encuentra en los lácteos. Si consumes tu rebanada de pan completo untado, por ejemplo, con queso fresco, absorberás todas las proteínas.

Según la edad

>>> El pan completo necesita ser bien masticado, si no, es indigesto. Por ello es desaconsejable para los niños menores de dos años y para las personas mayores.

Composición

por cada 100 g de pan completo

calorías	248
proteínas	9 g
lípidos	3,5 g
glúcidos	44 g
fibras	4 g
agua	38 g
vitamina B9	0,025 mg
vitamina B3	4,4 mg
vitamina B5	0,5 mg
vitamina B2	0,28 mg
vitamina B1	0,4 mg
vitamina B6	0,17 mg
vitamina E	0,32 mg
hierro	3 mg
zinc	1,35 mg
cobre	0,22 mg
selenio	0,03 mg
magnesio	81 mg

LA QUINOA

Virtudes inmunoestimulantes

>>> Este grano, que no pertenece a la familia de los cereales, es uno de los raros vegetales que contiene proteínas completas, utilizables directamente por el organismo. Esto es importante, puesto que nuestro organismo precisa de proteínas para fabricar un gran número de sustancias inmunitarias (interleucinas, linfocitos…).

Las vitaminas del grupo B, el hierro, el zinc… participan de igual manera en el buen funcionamiento del sistema inmunitario.

Las fibras de quinoa facilitan el tránsito intestinal, lo cual es primordial para mantener la inmunidad.

Consejos de utilización

>>> Puedes cocinar la quinoa de la misma manera que el arroz: cocida con verduras, con carne o con pescado; tibia o fría en ensalada…

A pesar de que su sabor sea menos neutro que el de las pastas, se puede asociar a todo tipo de sabores, desde los más suaves a los más fuertes.

Asociaciones

>>> Combina particularmente bien con las verduras. Para estimular la inmunidad prepárala con col, brócoli, tomate…

Según la edad

>>> Su alto contenido en hierro hace de ella un excelente alimento para las mujeres.

Es conveniente para personas que sufran de intolerancia al gluten puesto que, al contrario de los cereales, no contiene.

Es recomendable para niños y adolescentes, cuya inmunidad debe ser estimulada en el medio escolar, donde el contacto con gérmenes es frecuente.

Composición

por cada 100 g de quinoa

calorías	370
proteínas vegetales	13 g
glúcidos	69,3 g
lípidos	6,5 g
fibras	9 g
magnesio	210 mg
calcio	60 mg
hierro	9 mg
zinc	3,3 mg
vitamina B3	3 mg
vitamina B2	0,4 mg
vitamina B6	0,23 mg
vitamina B1	0,2 mg
vitamina B9	0,05 mg

LA PATATA

Virtudes inmunoestimulantes

>>> La patata es una buena fuente de glúcidos rápidos, que suministran energía. Y el sistema inmunitario precisa de energía para funcionar a pleno rendimiento.

La patata (sobre todo la nueva), proporciona una cantidad nada despreciable de vitamina C, una de las más indicadas en la respuesta inmunitaria.

Contiene también una buena dosis de magnesio, un mineral que regula el funcionamiento del sistema nervioso y que permite una mayor resistencia al estrés. Este perturba la respuesta inmunitaria y hace bajar nuestro nivel de defensas. Indirectamente, este aporte de magnesio mejora el funcionamiento inmunitario.

Consejos de utilización

>>> Aunque la patata se conserva mucho tiempo (es una de sus principales ventajas), trata de consumir patatas frescas, pues su contenido en vitamina C desciende un 80 por ciento en solo dos semanas. Para evitar que las vitaminas y los minerales desaparezcan en el agua de cocción, cuécelas al vapor y con la piel.

Si utilizas patatas nuevas pequeñas, puedes cocerlas sin pelarlas. Si son grandes, quita solo la fina película que las recubre, pues los micronutrientes (sobre todo la vitamina C) se concentran en la parte externa del tubérculo, justo bajo la piel.

Asociaciones

>>> Evita asociar las patatas con grandes cantidades de materias grasas, pues el aporte nutricional de la comida sería desequilibrado.

Lo ideal es unir las patatas a tus platos de verduras: purés, verduras estofadas, ensaladas tibias…

Según la edad

>>> Las patatas no son aconsejables para los niños muy pequeños (menores de dieciocho meses). Después, se pueden consumir hasta una edad muy avanzada, pues pueden ser hechas puré con un tenedor y tragadas sin masticar.

Composición

por cada 100 g de patatas

calorías	85
glúcidos	19 g
proteínas vegetales	2 g
lípidos	0,1 g
agua	76 g
fibras	2,1 mg
magnesio	30 mg
hierro	0,4 mg
zinc	0,3 mg
vitamina C	15 mg
vitamina B3	1 mg
vitamina B5	0,4 mg
vitamina B6	0,25 mg
vitamina E	0,1 mg

LOS BROTES GERMINADOS

Virtudes inmunoestimulantes

>>> El proceso de germinación multiplica por diez el contenido nutricional de los granos (vitaminas, minerales y oligoelementos) gracias a la activación de numerosas enzimas. Son las que también contribuyen a la transformación del almidón en azúcar (proveedor de energía) y de las proteínas en aminoácidos (indispensables para el funcionamiento inmunitario).

En conjunto, los brotes germinados son muy ricos en vitaminas del grupo B, vitamina E, hierro, magnesio, calcio…

Sin embargo, cada brote posee una composición particular, ligada al contenido nutricional de la planta de origen. Para reafirmar la inmunidad, dale mayor importancia al trigo germinado, a la alfalfa, al fenogreco y a las lentejas.

Consejos de utilización

>>> Para beneficiarte de su incomparable riqueza nutricional, lo ideal es consumir los brotes germinados crudos y, si es posible, frescos.

Ponlos por encima en las ensaladas, en las sopas, en los platos de verduras…

Asociaciones

>>> Las proteínas contenidas en los brotes son generalmente incompletas, pues carecen de lisina o de metionina, dos aminoácidos indispensables. En el trascurso de la germinación, se enriquecen hasta el punto de ser completas. Por ello, los brotes germinados son buenas fuentes de proteínas.

Evita asociarlos con platos de carne o de pescado, pues el aporte proteico será entonces demasiado importante. Resérvalos para platos pobres en productos animales.

Según la edad

>>> Los brotes germinados constituyen un alimento de calidad para las mujeres embarazadas o en período de lactancia y para las personas mayores que estén desnutridas.

Evita dárselos a niños pequeños antes de los tres años.

Composición

por cada 100 g de brotes germinados

	Alfalfa	Lentejas	Soja
calorías	29 g	106 g	30 g
proteínas	4 g	9 g	3 g
glúcidos	4 g	22 g	6 g
lípidos	0,7 g	0,6 g	0,2 g
calcio	32 mg	25 mg	13 mg
hierro	1 mg	3 mg	0,9 mg
magnesio	27 mg	37 mg	21 mg
vitamina C	8 mg	6,5 mg	13 mg
vitamina B1	0,08 mg	0,23 mg	0,09 mg

EL YOGUR

Virtudes inmunoestimulantes

>>> El yogur es uno de los principales alimentos amigos de la inmunidad, gracias a la presencia de bacterias que favorecen la renovación de la flora intestinal. Esta juega un papel esencial en la regulación de la respuesta inmunitaria.

Para disponer de la denominación «yogur», la leche fermentada debe estar poblada por dos bacterias (el *Lactobacillus bulgaricus* y el *Streptococcus thermophilus*), que tienen que estar vivas. Es por ello que los yogures comerciales presentan una fecha límite de consumo.

Los yogures aportan también vitaminas (sobre todo del grupo B) y minerales que participan en la inmunidad.

Consejos de utilización

>>> Los yogures deben ser conservados en frío y consumidos antes de la fecha de caducidad.

Los yogures con leche entera son más ricos en ácidos grasos saturados. Por ello, es mejor consumir yogures naturales fabricados a partir de la leche semidesnatada. Los yogures con un 0 % de materia grasa son hechos con leche completamente desnatada. Contienen menos vitaminas A y D.

Puedes utilizar los yogures en la cocina, para preparar salsas frías como acompañamiento de verduras crudas o para ligar platos calientes. En ese caso no lo cocines, sino que debes añadirlo al final de la cocción, fuera del fuego.

Asociaciones

>>> Los yogures no son ni ácidos ni alcalinos. Pueden asociarse a todos los demás alimentos sin riesgo de que haya un desequilibrio en el equilibrio ácido-básico del organismo.

Elige sobre todo yogures elaborados para las salsas, pues se mezclan mejor.

Según la edad

>>> El yogur es un alimento que conviene a todas las edades: los bebés pueden comerlo desde los ocho meses y las personas mayores lo toleran muy bien.

Las personas que sufren de intolerancia a la leche aguantan bien, por lo general, los yogures, pues los ingredientes responsables de la intolerancia son predigeridos por las bacterias.

Composición

por cada 100 g de yogur natural

calorías	63
proteínas	5,25 g
lípidos	1,5 g
glúcidos	7 g
agua	85 g
vitamina A	0,02 mg
vitamina B3	0,12 mg
vitamina B5	0,45 mg
vitamina B2	0,2 mg
vitamina E	0,03 mg
calcio	182 mg
magnesio	17 mg
zinc	0,89 mg

LA PATA DE CORDERO

Virtudes inmunoestimulantes

>>> Contrariamente a lo que se suele pensar, la pata de cordero no es una carne muy grasa, sobre todo si se tiene la precaución de eliminar las partes grasas y no consumir los jugos de la cocción.

En estas condiciones aporta una gran cantidad de proteínas beneficiosas que el organismo puede utilizar para la síntesis de diversas sustancias inmunitarias.

Contiene, así mismo, numerosos nutrientes implicados en la inmunidad, sobre todo hierro, zinc, cobre, selenio...

Consejos de utilización

>>> Pídele a tu carnicero que elimine al máximo las partes grasas del cordero.

Cocínalo en el horno tibio, a fin de preservar su contenido nutricional. Así la carne resultará más tierna y suave.

Elimina los jugos de cocción antes de servir. Puedes también recuperarlos y ponerlos en la nevera hasta el día siguiente, así podrás eliminar la grasa que se solidifica en la superficie y conservar solo los jugos desgrasados.

Asociaciones

>>> El cordero es una carne muy gustosa, que combina bien con las especias y las hierbas aromáticas: comino, curry, jengibre, cúrcuma, cilantro, menta...
El cordero se cocina, generalmente, con ajo, lo que constituye un cóctel perfecto para estimular la inmunidad.

Según la edad

>>> Desgrasado, el cordero es muy digestivo. Conviene, pues, a todas las edades, a partir de los dos años. El hierro que contiene lo hace un alimento ideal para las mujeres, que a menudo presentan carencia de él.

Composición

por cada 100 g de cordero

calorías	190
proteínas	29 g
lípidos	7,5 g
agua	63 g
vitamina B9	0,03 mg
vitamina B3	6,3 mg
vitamina B5	0,7 mg
vitamina E	0,2 mg
hierro	2,2 mg
zinc	5 mg
cobre	0,2 mg
selenio	0,03 mg

LA MORCILLA

Virtudes inmunoestimulantes

>>> La morcilla estimula la respuesta inmunitaria gracias, sobre todo, a su gran contenido en hierro, cuya carencia provoca una bajada en las defensas.

Aporta importantes cantidades de proteínas completas, que contienen aminoácidos muy equilibrados.

Las materias grasas que contiene son, en parte, eliminadas durante la cocción.

El zinc y el selenio de la morcilla contribuyen a la eficacia de nuestras defensas, al igual que las vitaminas del grupo B.

Consejos de utilización

>>> Cocina la morcilla siempre sin materia grasa, pues contiene suficiente por sí misma.

Elige siempre morcilla de calidad, en una buena carnicería, pues de ello depende su interés nutricional.

La morcilla es excelente a la sartén sin materia grasa, o cocida en el horno no muy caliente. También la puedes degustar hervida.

Antes de cocerla, pínchala ligeramente con un tenedor para permitir que las materias grasas escurran durante la cocción sin romper la piel.

Asociaciones

>>> La morcilla combina bien con las frutas, sobre todo con la manzana.

Si te gustan los sabores fuertes, cómela especiada: la pimienta le va de maravilla.

Según la edad

>>> Este alimento no es muy apreciado por los niños. No insistas, pues a medida que eduquen su paladar lo irán apreciando.

Es un alimento de calidad para las mujeres, sobre todo para aquellas que tienen carencia de hierro.

Composición

por cada 100 g de morcilla

calorías	285
proteínas	14 g
lípidos	22 g
glúcidos	5 g
agua	58 g
vitamina B3	1,2 mg
hierro	6,5 mg
zinc	1,3 mg
selenio	0,02 mg

LAS VIEIRAS

Virtudes inmunoestimulantes

>>> Las vieiras contienen un verdadero cóctel de sustancias inmunoestimulantes: hierro, zinc, cobre, selenio..., así como vitaminas del grupo B y vitamina A.

Sus proteínas son de buena calidad, fácilmente utilizables por el organismo.

Sus lípidos están constituidos, en su mayoría, por ácidos grasos insaturados, favorables para el buen funcionamiento inmunitario.

Consejos de utilización

>>> Las vieiras frescas son las más sabrosas. Sin embargo, las congeladas constituyen una buena alternativa, puesto que son de utilización simple y rápida.

Puedes consumirlas crudas, marinadas, cocinarlas rápidamente en la sartén o hervirlas.

Evita cocerlas demasiado tiempo, a fin de no estropear los nutrientes que contienen y limita el añadido de materia grasa (grasas, nata...).

Asociaciones

>>> Su sabor, no demasiado yodado, combina bien con una infinidad de alimentos: verduras, frutas, crustáceos, hierbas aromáticas... Se prestan a los experimentos culinarios más creativos.

Aguantan bien la asociación entre dulce y salado.

Se combinan de maravilla con el perejil y tanto mejor con ajo, puesto que éste contiene sustancias inmunoestimulantes y el perejil es un gran proveedor de vitamina C.

Según la edad

>>> Las vieiras se pueden consumir a cualquier edad.

Sin embargo, su consistencia firme no es muy conveniente para aquellas personas con problemas dentales o de encías.

Los niños se divierten con ellas, a condición de que las sirvamos en sus conchas.

Composición

por cada 100 g de vieiras

calorías	215
proteínas	18 g
lípidos	11 g
glúcidos	10 g
agua	58 g
vitamina A	0,03 mg
vitamina B9	0,02 mg
vitamina B3	1,5 mg
selenio	0,03 mg
zinc	2 mg
hierro	1 mg
magnesio	60 mg
cobre	0,1 mg

LAS GAMBAS

Virtudes inmunoestimulantes

>>> Como las vieiras, las gambas contienen numerosos nutrientes favorables para la inmunidad, sobre todo minerales y oligoelementos: zinc, selenio, hierro, cobre…

Contienen poca materia grasa, por lo que se pueden consumir igualmente cuando se padece un exceso de colesterol (a condición de suprimir la cabeza, que es la que lo contiene).

Sus proteínas, de excelente calidad, son fácilmente asimilables y utilizables por el organismo.

Consejos de utilización

>>> Es imposible encontrar gambas frescas en algunos climas, pues estos crustáceos, pescados en gran cantidad en los trópicos, soportan mal el transporte y la conservación. En este caso, por fuerza, se deben consumir congeladas.

Según la preparación, puedes cocinarlas congeladas (gambas en caldo de pescado, por ejemplo) o descongelarlas previamente (gambas salteadas o asadas).

Las gambas son muy digestivas, a condición de que limites el aporte de materia grasa: mayonesa con las gambas hervidas; exceso de aceite para prepararlas salteadas…

Asociaciones

>>> A menudo se cocinan con ajo y perejil, lo que da una mezcla favorable para las defensas inmunitarias. No dudes en combinarlas con frutas, pues se prestan muy bien a las mezclas entre salado y dulce.

Según la edad

>>> Los niños aprecian, generalmente, este alimento, que se puede comer con las manos.

Las personas mayores, en cambio, a veces tienen dificultades para pelarlas y masticarlas.

Composición

por cada 100 g de gambas

calorías	99
proteínas	21 g
lípidos	1 g
agua	77 g
vitamina A	0,07 mg
vitamina B3	2,6 mg
vitamina C	3 mg
vitamina E	1,4 mg
calcio	39 mg
hierro	3,5 mg
zinc	1,6 mg
cobre	0,2 mg
selenio	0,05 mg

LA ALCACHOFA

Virtudes inmunoestimulantes

>>> Aunque no actúa directamente sobre las defensas inmunitarias, la alcachofa forma parte, de todos modos, de una buena alimentación inmunoestimulante, pues facilita la depuración del hígado y la proliferación de las bacterias intestinales beneficiosas. Un buen funcionamiento hepático e intestinal garantiza unas mejores defensas contra las infecciones.

La alcachofa aporta, en pequeñas cantidades, las tres vitaminas antioxidantes principales (A, C y E), que protegen las células inmunitarias contra las agresiones de los radicales libres.

La vitamina E y el hierro juegan, igualmente, un papel. Esta verdura es bastante rica en proteínas, que facilitan la producción de numerosas sustancias inmunitarias.

Por último, las fibras de la alcachofa facilitan el tránsito intestinal, lo que contribuye a la eficacia de las defensas inmunitarias.

Consejos de utilización

>>> Cuando elijas las alcachofas, vigila sobre todo que las hojas no estén ni marchitas ni amarillas en las extremidades. Cuando son frescas, deben estar firmes y ser pesadas.

Crudas o cocidas al vapor, son deliciosas con una salsa de yogur (excelente para estimular las defensas).

Las alcachofas tiernas también se pueden consumir estofadas, en tortilla, gratinadas, al horno…

Las alcachofas cocidas se conservan mal. No las guardes en la nevera más de veinticuatro horas después de la cocción.

Asociaciones

>>> Atención si tienes los intestinos frágiles, pues las fibras de la alcachofa pueden ser irritantes. Cocínalas, en ese caso, con ajo y jengibre, dos aromáticos que previenen las flatulencias y las irritaciones intestinales.

Según la edad

>>> Esta verdura es desaconsejable para los niños a causa de sus fibras irritantes. Sin embargo, después de los tres años constituyen a la vez un excelente alimento y una diversión si las degustas hoja a hoja.

Composición

por cada 100 g de alcachofa cruda

calorías	40
glúcidos	7,6 g
proteínas vegetales	2,1 g
lípidos	0,1 g
fibras	2 g
agua	85 g
calcio	47 mg
hierro	1,3 mg
vitamina C	8 mg
vitamina B3	0,9 mg
vitamina B5	0,21 mg
vitamina E	0,2 mg
vitamina B1	0,14 mg
betacarotenos	0,1 mg

Nota: estas cifras constituyen una media, pues difieren según la estación y la variedad. Lo mismo que varía, según quien las coma, la cantidad real de alcachofa absorbida a partir de una misma flor.

EL BRÓCOLI

Virtudes inmunoestimulantes

>>> El brócoli es uno de los alimentos mayores en cuanto a la inmunidad. Contiene, en cantidades equilibradas, las tres vitaminas antioxidantes principales, lo que le permite proteger las células inmunitarias contra los fenómenos oxidantes.

Gracias a numerosos estudios, se ha demostrado que el consumo regular de brócoli protege contra la aparición de algunos tipos de cáncer. Esta acción reside en parte en una mejora global de la respuesta inmunitaria.

La acción inmunoestimulante del brócoli se debe principalmente a la presencia de sulforafano, un fitonutriente que estimula la producción de ciertas enzimas.

El brócoli contiene igualmente hierro y zinc, los cuales están implicados en el funcionamiento inmunitario.

Sus fibras regulan suavemente el tránsito intestinal, lo que constituye un argumento antiinfección suplementario.

Consejos de utilización

>>> No conserves demasiado tiempo el brócoli, pues se oxida rápidamente en contacto con el aire: no más de cuarenta y ocho horas, en la parte baja de la nevera.

Elígelo de buen color y evita aquellos que presenten ramos amarillentos.

La cocción ideal es la más simple: al vapor. Es así como también se preserva mejor su contenido nutricional. Pero también puedes prepararlo en puré, sopa, al horno…

Asociaciones

>>> Su sabor, un poco fuerte, no soporta todas las combinaciones. Asócialo con carnes blancas, pescados, verduras menos sabrosas, como el calabacín…

El ajo y el aceite de oliva le van bien. Algo muy bueno, puesto que la asociación de estos tres productos aumenta la acción benéfica del brócoli.

Además, combina muy bien con ciertas especias: comino, jengibre, curry, pimienta…

Según la edad

>>> Este alimento, muy blando, va bien para todos los paladares, desde los más jóvenes a los de más edad. Sin embargo, los niños pequeños no aprecian en seguida su sabor azufrado.

Composición

por cada 100 g de brócoli crudo

calorías	25
proteínas vegetales	3 g
glúcidos	2,4 g
lípidos	0,4 g
fibras	3 g
agua	90,6 g
magnesio	25 mg
hierro	1,4 mg
zinc	0,4 mg
vitamina C	110 mg
vitamina E	1 mg
betacarotenos	0,63 mg
vitamina B3	1 mg
vitamina B5	0,9 mg
vitamina B6	0,19 mg
vitamina B2	0,13 mg
vitamina B9	0,11 mg

LA COL BLANCA

Virtudes inmunoestimulantes

>>> Como todas las coles, esta contiene glucosinolatos que ayudan a luchar contra las infecciones bacterianas.

Contiene, en pequeñas cantidades bien equilibradas, las tres vitaminas antioxidantes principales, que protegen el sistema inmunitario contra las agresiones de los radicales libres.

La col blanca proporciona, igualmente, pequeñas cantidades de zinc, de hierro y de cobre, nutrientes implicados en la resistencia contra las infecciones.

La col posee, además, una acción directamente antiinflamatoria.

Por último, sus fibras contribuyen al equilibrio del tránsito intestinal, lo que influye favorablemente en la inmunidad.

El chucrut es col fermentada. Además de las cualidades propias de la verdura, aporta fermentos lácteos parecidos a los del yogur. Una mezcla ideal para estimular la inmunidad, a condición de evitar los embutidos grasos que acompañan, por lo general, este plato.

Consejos de utilización

>>> Para aprovechar todos los nutrientes contenidos en la col blanca, consúmela cruda, rallada, en ensalada. Evita prepararla con mucha antelación, a fin de que no se oxide al contacto con el aire. Lo ideal es aliñarla justo después de haberla lavado y rallado, y consumirla en las horas siguientes.

Puedes también añadirla a sopas, platos de verduras estofadas, o cocerla al vapor antes de rehogarla en un poco de materia grasa.

Asociaciones

>>> En ensalada, la col blanca combina bien con una salsa de yogur y cúrcuma, dos ingredientes que estimulan la inmunidad.

Cocida, sírvela con un chorrito de aceite de oliva como acompañamiento de una carne blanca o ave. Se asocia perfectamente con el aceite y el perejil.

Según la edad

>>> La col es una verdura que conviene a todas las edades. Sin embargo, evita servirla cruda a los niños pequeños y a las personas mayores, a quienes les costará masticarla.

Composición

por cada 100 g de col blanca cruda

calorías	24
proteínas	1,5 g
lípidos	0,12 g
glúcidos	3,8 g
fibras	1,8 g
betacarotenos	0,09 mg
vitamina B9	0,05 mg
vitamina B3	0,3 mg
vitamina B5	0,2 mg
vitamina C	32 mg
vitamina E	0,2 mg
calcio	47 mg
hierro	0,6 mg
zinc	0,2 mg
cobre	0,03 mg
magnesio	15 mg

LAS JUDÍAS VERDES

Virtudes inmunoestimulantes

>>> El interés de las judías verdes reside en la variedad de nutrientes que contienen. Son, sobre todo, bastante ricas en betacarotenos, que contribuyen al buen estado de las defensas.

El selenio, el zinc y el hierro juegan un papel en la estimulación del sistema inmunitario.

Finalmente, las judías verdes son muy ricas en fibras suaves que facilitan el tránsito, al tiempo que respetan la flora intestinal.

Consejos de utilización

>>> Las judías verdes frescas tienen un sabor incomparable, aunque su preparación es un poco larga. Si no tienes tiempo para quitarles uno a uno los filamentos, elige judías verdes congeladas antes que en conserva: son a la vez más sabrosas y más ricas en nutrientes.

Para preservar su contenido nutricional, cuécelas al vapor, al dente, y ponles un chorrito de aceite de oliva. También puedes servirlas en puré o rehogadas con ajo y perejil.

Asociaciones

>>> Asócialas con otras verduras, en estofados, así ayudarán a que tu sistema inmunitario funcione a pleno rendimiento: cebollas, ajo, pimiento rojo, tomates, brócoli…

Su sabor se mezcla bien con todas las demás, o casi. Puedes servirlas acompañando carne, aves, pescado, crustáceos, mariscos…

Recuerda añadirles perejil, muy rico en vitamina C.

Según la edad

>>> Forman parte de las primeras verduras toleradas por los tubos digestivos muy jóvenes (desde los cinco meses).

Composición

por cada 100 g de judías verdes

calorías	129
proteínas	7 g
glúcidos	14,5 g
lípidos	0,8 g
fibras	9,5 g
agua	67 g
vitamina B9	0,08 mg
vitamina B5	0,22 mg
betacarotenos	0,35 mg
vitamina C	15 mg
vitamina E	0,2 mg
hierro	1,1 mg
magnesio	56 mg
zinc	0,7 mg
cobre	0,12 mg
selenio	0,01 mg

LOS CANÓNIGOS

Virtudes inmunoestimulantes

>>> Las proteínas de los canónigos contienen todos los aminoácidos indispensables, lo cual es raro en el reino vegetal. Aunque están presentes en pequeñas cantidades, facilitan la producción de numerosas sustancias inmunitarias.

Esta pequeña y sabrosa verdura es una fuente excepcional de betacarotenos, aliados indispensables de la inmunidad.

Contienen, además, las otras vitaminas antioxidantes (C y E) y los principales minerales y oligoelementos de la inmunidad (hierro, zinc, cobre y selenio).

Consejos de utilización

>>> Los canónigos se consumen crudos, como cualquier ensalada, aliñados con aceite y vinagre, o yogur y limón.

Puedes también cocerlos, pero muy ligeramente, pues pierden rápidamente el agua.

Puedes añadir unas ramitas de canónigos, al final de la cocción, a tus platos.

Asociaciones

>>> No dudes en unirlo a otras verduras ricas en nutrientes: pimiento rojo, tomates, cebollas, zanahoria rallada, remolacha cruda rallada, cubitos de aguacate, láminas de hinojo crudo, tiras de acedera, espinacas tiernas crudas…

Según la edad

>>> Digestivos y reguladores del tránsito, los canónigos convienen a todos.

La presencia asociada de hierro y de vitamina B9 los hacen aliados de las mujeres.

Composición

por cada 100 g de canónigos

calorías	21
proteínas	2 g
lípidos	0,4 g
glúcidos	3,5 g
agua	93 g
betacarotenos	4,3 mg
vitamina C	38 mg
vitamina B9	0,02 mg
vitamina B6	0,27 mg
hierro	2,2 mg
magnesio	13 mg
zinc	0,6 mg
cobre	0,15 mg
selenio	0,001 mg

EL TOMATE

Virtudes inmunoestimulantes

>>> El tomate debe su acción inmunoestimulante a la presencia de licopeno, una sustancia antioxidante mayor que favorece el óptimo funcionamiento del sistema inmunitario.

Como es diurético, permite una buena eliminación de los residuos, lo que facilita la acción inmunitaria.

Igualmente, contiene en pequeñas cantidades numerosas sustancias implicadas en la inmunidad, como las vitaminas C y E, betacarotenos, hierro, zinc…

Consejos de utilización

>>> El licopeno es uno de los raros nutrientes que soportan el calor. No dudes en cocinar los tomates, ese precioso nutriente antioxidante será más fácilmente asimilable.

Crudos, los tomates constituyen, sin embargo, una muy buena fuente de nutrientes inmunoestimulantes. Puedes, de este modo, variar tus platos sin problema.

Asociaciones

>>> Refrescantes, los tomates son ideales en verano. Por otra parte, es en esta estación cuando están más sabrosos. Aliñados con ajo y aceite de oliva forman un cóctel antiinfeccioso muy eficaz.

No olvides los tomates rellenos (con carne magra, con arroz o con rellenos que contengan perejil), la salsa de tomate (con pastas integrales o con arroz integral), el ragú de carne o las aves con tomate.

Según la edad

>>> Su fuerte poder antioxidante hace de él un alimento ideal para las personas de más de cincuenta años.

Composición

por cada 100 g de tomates

calorías	15
glúcidos	2,8 g
proteínas vegetales	0,8 g
lípidos	0,1 g
fibras	1,2 g
agua	94 g
magnesio	10 mg
calcio	9 mg
hierro	0,5 mg
zinc	0,2 mg
vitamina C	25 mg
vitamina E	1 mg
betacarotenos	0,8 mg
vitamina B3	0,6 mg
vitamina B5	0,3 mg

LOS LICHIS

Virtudes inmunoestimulantes

>>> El lichi es una fruta tonificante gracias a la calidad de los azúcares que aporta, a las vitaminas y a los oligoelementos. Al estimular de manera global la energía, permite que el sistema inmunitario trabaje en buenas condiciones.

Además, estimula directamente las reacciones de defensa del organismo frente a las agresiones, sobre todo gracias a su contenido de vitamina C.

Sus fibras suaves regularizan el tránsito intestinal sin desequilibrio de la flora, lo que es primordial cuando se debe luchar contra las agresiones microbianas

Consejos de utilización

>>> Aprovecha el invierno (entre noviembre y febrero): es en esta estación cuando encontrarás lichis frescos, que vienen del hemisferio Sur. Como están protegidos por su cáscara, se conservan muy bien para resistir el transporte.

Los lichis frescos son mucho más ricos en nutrientes (sobre todo la vitamina C) que los que vienen en conserva.

Puedes degustarlos tal cual, en el postre, o integrarlos en ensaladas de frutas o en copas de sorbetes. También se pueden cocinar.

Asociaciones

>>> El sabor dulce de los lichis combina bien con las carnes blancas y las aves. Tenlo en cuenta. Añádelos al final de la cocción y déjalos que hiervan solo dos minutos.

Los lichis van de maravilla con las especias y las hierbas aromáticas, sobre todo el cilantro, el jengibre, la pimienta, el pimiento…

Según la edad

>>> Estos pequeños frutos constituyen una buena fuente de nutrientes para toda la familia.

Si se los das a los niños pequeños, pélalos y quítales la semilla para que no se atraganten.

Composición

por cada 100 g de lichis

calorías	66
proteínas	0,8 g
lípidos	0,4 g
glúcidos	15 g
fibras	1,5 g
agua	82 g
vitamina C	72 mg
vitamina E	0,1 mg
vitamina B9	0,015 mg
zinc	0,1 mg
hierro	0,3 mg
cobre	0,15 mg
magnesio	10 mg
selenio	0,001 mg

LA CIRUELA

Virtudes inmunoestimulantes

>>> Las ciruelas son muy energéticas, gracias a la calidad de sus azúcares. Aportan al sistema inmunitario la energía que necesita para funcionar bien.

Contienen, en pequeñas cantidades, las tres vitaminas antioxidantes de base. Protegen así las células inmunitarias contra las agresiones de los radicales libres.

Sus fibras suaves las hacen ligeramente laxantes, lo que favorece el buen equilibrio de la flora intestinal.

Aportan también un poco de hierro, de zinc y de cobre, tres sustancias implicadas en la respuesta inmunitaria.

Consejos de utilización

>>> El sabor de las ciruelas es muy diferente según la variedad: la claudia es azucarada; la damascena, más ácida; la mirabel, melosa…

Presta atención si las cocinas: se deshacen con rapidez durante la cocción. Para hacer tartas o pasteles, pásalas primero por el horno, a fin de que suelten el agua. Así evitarás que ablanden la masa.

Asociaciones

>>> Piensa en cocinarlas con aves o carnes blancas: es una mezcla a menudo exitosa.

Combinan muy bien con las especias calientes: jengibre, canela, pimienta…

Añádelas a tus compotas de frutas, a las que les aportarán una nota acidulada que contrasta con la simpleza de ciertas frutas (manzana, pera…).

Según la edad

>>> Si les das ciruelas a los niños pequeños ten cuidado con las semillas.

En compota convienen a personas mayores, que a veces se encuentran desnutridas o afectadas de estreñimiento.

Composición

por cada 100 g de ciruelas

calorías	46
proteínas	0,7 g
lípidos	0,3 g
glúcidos	9,8 g
fibras	1,6 g
betacarotenos	0,2 mg
vitamina B3	0,5 mg
vitamina C	10 mg
vitamina E	0,3 mg
hierro	0,2 mg
zinc	0,2 mg
cobre	0,07 mg

Nota: estas cifras constituyen una media, pues la cantidad de nutrientes depende de la variedad elegida y de la madurez de las frutas.

LA SANDÍA

Virtudes inmunoestimulantes

>>> La sandía actúa sobre el sistema inmunitario gracias a su fuerte contenido en betacarotenos, asociado a un poco de vitamina C y de vitamina E. Su riqueza en licopenos refuerza esta acción protectora.

Esta fruta, que quita la sed y refresca, contiene también pequeñas cantidades de oligoelementos inmunoestimulantes.

Consejos de utilización

>>> La sandía no aguanta la cocción, pues sus licopenos son menos fácilmente asimilables que los del tomate cocido. Sin embargo, contiene suficientes como para que su aporte sea mayor, incluso cruda.

Una buena sandía se elige por el peso y el sonido: debe ser densa, pesada y no sonar hueca cuando la golpeas con el puño en la corteza.

La sandía cortada se conserva mal: no más de tres días en la nevera, recubierta con film alimentario. Si la preparas en ensalada, dulce o salada, no la cortes con mucha antelación, pues pierde el agua con rapidez.

Asociaciones

>>> Mezcla los cubos de sandía con tus ensaladas de tomate en verano: la asociación de los dos hará que tu plato sea un verdadero estimulante de la inmunidad.

La sandía combina bien con las hierbas aromáticas, sobre todo con la albahaca y con el cilantro.

Como es una fruta un poco azucarada, puedes utilizarla en ensaladas de frutas y aliñarlas con un poco de miel.

Según la edad

>>> Los niños aprecian las rodajas de sandía, las cuales se pueden comer a bocados.

Sus semillas con indigestas. Ten la precaución de retirarlas antes de consumirla, sobre todo si tienes un sistema digestivo frágil.

Composición

por cada 100 g de sandía

calorías	30
proteínas	0,6 g
lípidos	0,15 g
glúcidos	7,15 g
fibras	0,4 g
agua	90 g
betacarotenos	0,3 mg
vitamina C	10 mg
vitamina E	0,1 mg
hierro	0,3 mg
zinc	0,1 mg
licopenos	4,6 mg

LAS FRAMBUESAS

Virtudes inmunoestimulantes

>>> Las frambuesas aportan una gran variedad de nutrientes inmunoestimulantes, en pequeñas cantidades: vitaminas C y E, hierro, zinc, betacarotenos… Contienen ácido tánico, que los especialistas creen que es el responsable del fuerte poder antiviral de esta pequeña fruta delicada.

Ejercen un efecto purificante y antioxidante sobre el organismo, lo que favorece el buen funcionamiento inmunitario.

Consejos de utilización

>>> Las frambuesas son muy frágiles. Aguantan mal la conservación y el transporte. Es por esta razón que no se encuentran frambuesas fuera de temporada (de junio a septiembre).

Fuera de este período, puedes utilizarlas congeladas para tus preparaciones. No podrás hacer un uso similar al de las frescas, puesto que se deshacen al descongelarse. Sin embargo, su sabor permanece intacto y puedes hacer salsas y pasteles, o integrarlas en preparaciones cocidas dulces o saladas.

Asociaciones

>>> Pobre en azúcares y poco calórica, la frambuesa tiene un sabor ácido que combina bien con los frutos dulces (banana, pera madura…), las verduras un poco insípidas (calabacín, patata…), las carnes blancas y las aves.

Esta acidez mejora la digestión y la asimilación de las proteínas. No dudes en usar las frambuesas en tus platos de carne.

Según la edad

>>> Es una fruta particularmente útil después de los cincuenta años, pues protege contra los problemas femeninos ligados a la menopausia y a los dolores articulares.

Composición

por cada 100 g de frambuesas

calorías	52
proteínas	1,2 g
lípidos	0,65 g
glúcidos	5,4 g
fibras	6,5 g
agua	85 g
betacarotenos	0,02 mg
vitamina B9	0,04 mg
vitamina C	26 mg
vitamina E	0,9 mg
calcio	25 mg
magnesio	22 mg
hierro	0,7 mg
zinc	0,5 mg
cobre	0,1 mg

Las avellanas

Virtudes inmunoestimulantes

>>> Las avellanas sostienen la acción del sistema inmunitario gracias sobre todo a su fuerte contenido en ácidos grasos monoinsaturados, asociados a la vitamina E.

Contienen, igualmente, buenas cantidades de hierro, de zinc, de cobre y de selenio, todos implicados en la respuesta inmunitaria.

Finalmente, su contenido en calcio y en magnesio ayuda a luchar contra los efectos negativos del estrés, entre los cuales figura la bajada de las defensas inmunitarias.

Consejos de utilización

>>> Las avellanas secas se conservan mucho tiempo, sobre todo si están enteras, pues su cáscara las protege contra la oxidación. Puedes tenerlas siempre a mano.

Añádelas a tus ensaladas dulces o saladas: aportan un toque crujiente, al tiempo que nutrientes esenciales.

Agrega pedacitos de avellana en tus compotas o en tus pasteles, aguantan bastante bien la cocción.

Para elegirlas, agítalas en la palma de la mano: no deben sonar huecas.

Asociaciones

>>> Si quieres aprovechar sus proteínas, tienes que asociarlas con un cereal a fin de compensar la carencia de ciertos aminoácidos (metionina, lisina, cisteína). El tabulé con frutos secos, por ejemplo, es un postre muy nutritivo e inmunoestimulante.

Según la edad

>>> Esta fuente excepcional de zinc conviene particularmente a los hombres, pues su carencia favorece los problemas sexuales.

Como son ricas en hierro y en vitamina B9, las avellanas ayudan también a que las mujeres se prevengan contra la anemia, más frecuente en ese segmento de la población.

Composición

por cada 100 g de avellanas

calorías	640
proteínas	15 g
lípidos	62 g
glúcidos	8 g
fibras	9,4 g
agua	2,5 g
betacarotenos	0,04 m
vitamina B9	0,09 mg
vitamina B3	2 mg
vitamina C	4 mg
vitamina E	15 mg
calcio	123 mg
hierro	4,5 mg
magnesio	173 mg
zinc	2,5 mg
cobre	1,8 mg
selenio	0,004 mg

Alimentos inmunoestimulantes complementarios

Para estimular tus defensas, puedes añadir a tus menús otros alimentos cuya riqueza nutricional vendrá a complementar el aporte de los veinte alimentos de base.

Los cereales y las féculas

La alubias
Sus azúcares, complejos y de absorción lenta, dan a las células inmunitarias una energía preciosa. Contienen, además, hierro y un poco de selenio, así como vitaminas del grupo B.

Las fuentes de proteína

El lenguado
Las proteínas del lenguado se asocian con un bajo contenido en materia grasa. Son fácilmente utilizables por el organismo. Este pescado aporta también pequeñas cantidades de zinc, de hierro, de selenio y de vitamina E, todos utilizados por el sistema inmunitario para responder a los agresores microbianos.

El salmón
La acción inmunoestimulante del salmón reside en la calidad de los ácidos grasos esenciales que encierra. Estos permiten que las células inmunitarias conserven las paredes flexibles y permeables, lo que es indispensable para los intercambios metabólicos. Selenio, zinc, hierro y vitaminas del grupo B completan esta acción protectora.

Las ostras
Es su riqueza en zinc la que hace de la ostra un buen alimento inmunoestimulante. Este marisco también contiene unas buenas cantidades de hierro, de cobre, de vitamina E y de vitaminas del grupo B... Un cóctel muy eficaz para mantener la inmunidad.

La zanahoria

El betacaroteno es un nutriente fundamental para la inmunidad. Está presente en gran cantidad en la zanahoria. Como está asociado a la vitamina C y a la vitamina E, actúa también como un antioxidante. Esta verdura regula el tránsito intestinal, lo que es siempre útil para que la respuesta inmunitaria sea eficaz.

El berro

Es la verdura más rica en vitamina C. Lo que, asociado a la vitamina E y al betacaroteno, protege a las células inmunitarias contra los radicales libres. El berro aporta, igualmente, hierro y zinc, así como un poco de magnesio, útil para luchar contra el estrés que mina nuestras defensas.

Los champiñones

Ciertos champiñones, como el shiitake, son verdaderas armas antiinfecciosas gracias a sus compuestos antivirales. También son ricos en proteínas, las cuales son fácilmente utilizables por el organismo, si se asocian a un producto lácteo (nata, salsa de yogur, rellenos de queso fresco...). También proporcionan hierro, zinc, cobre y selenio.

El hinojo

Rico en vitamina C, aporta también betacaroteno y vitamina E, así como hierro y cobre. Por su acción diurética ayuda al organismo a librarse de los residuos que lo sobrecargan, mejorando así el metabolismo global y el funcionamiento inmunitario.

El pimiento

Es una buena fuente de betacaroteno, sobre todo si consumes pimientos rojos. Contiene también una buena dosis de vitaminas C y E, así como un poco de hierro y de zinc. Diversos estudios llevados a cabo en animales han mostrado una relación entre el consumo regular de pimiento y el retraso de la aparición de ciertos cánceres.

La cebolla

Es una de las principales fuentes vegetales de selenio. Su acción inmunoestimulante se debe, de igual manera, a la presencia de quercetina, una antioxidante básica.

El ajo

He aquí uno de los principales amigos de la inmunidad. El ajo tiene un efecto directamente bactericida y antiviral. Estimula notablemente la actividad de los linfocitos. Constituye igualmente una protección contra ciertos cánceres, al facilitar la acción de las células inmunitarias encargadas de evacuar las células «locas» que produce nuestro metabolismo, y que son el origen de la proliferación de los tumores.

La fruta fresca y los frutos secos

La naranja

La vitamina C de la naranja está asociada a los flavonoides, que facilitan su asimilación. Esta fruta es, pues, un excelente proveedor de energía para el sistema inmunitario. La vitamina C que contiene estimula directamente la respuesta en caso de infección.

La papaya

Una muy buena fuente de vitamina C, indispensable para el correcto funcionamiento del sistema inmunitario. Contiene muchos otros nutrientes (vitamina E, betacaroteno, zinc, hierro...) implicados en nuestra resistencia a las infecciones.

El kiwi

Con 150 mg por 100 g es uno de los mejores proveedores de vitamina C. Esta se encuentra bien protegida por la gruesa piel del fruto. Zinc, cobre, hierro, vitaminas del grupo B y vitamina E completan su armamento.

Otros

La levadura de cerveza

Este hongo microscópico, resultante de la fermentación del lúpulo y de la malta de cebada, reequilibra la flora intestinal y estimula las defensas inmunitarias. La levadura de cerveza contiene numerosos nutrientes, sobre todo minerales y vitaminas del grupo B, así como sustancias antibacterianas. Se la encuentra en forma de hojuelas para espolvorear sobre los platos.

40 RECETAS PARA LA INMUNIDAD

Sopa de verduras con brotes germinados

Ingredientes para 4 personas

1 taza grande de brotes germinados mezclados (alfalfa, lentejas, mostaza, fenogreco)
3 zanahorias • 3 calabacines • 1 nabo • 1 pimiento • 1 cebolla • 2 ramas de apio
1 manojo de hierbas • 1 cucharada sopera de aceite de girasol
sal y pimienta

Preparación

1/ Pela las zanahorias y el nabo y córtalos en trozos. Enjuaga el apio, quítale los filamentos y las partes más duras, después córtalo en trozos. Enjuaga los calabacines, pélalos alternando un trozo sí y uno no, y luego córtalos en trozos.

2/ Enjuaga el pimiento, retira la base y la parte más fibrosa, y después córtalo en trozos.

3/ Pela las cebollas y córtalas en rodajas.

4/ Pon a calentar el aceite a fuego medio en una olla. Pon las cebollas, déjalas cocer 1 minuto, removiendo; después añade el resto de verduras y el manojo de hierbas. Salpimenta y vierte 1 litro de agua. Deja calentar hasta que la mezcla hierva, después baja el fuego, tapa y deja cocer a fuego lento durante 30 minutos.

5/ Cuando las verduras estén cocidas, retira el manojo de hierbas y bate la sopa con todos los ingredientes.

6/ En el último momento, vierte los brotes germinados, mézclalo todo y sírvela bien caliente..

Consejo

Para conservar a un tiempo su sabor, textura crujiente y virtudes nutricionales, los brotes germinados no deben cocerse. Si preparas esta sopa con antelación, no los añadas sino hasta el último momento, después de haberla recalentado.

TRIUNFO PARA EL SISTEMA INMUNITARIO
El manojo de hierbas libera en esta sopa numerosas sustancias bactericidas. Se le unen el licopeno del tomate y la vitamina C de las patatas, que no se pierden, puesto que se va a consumir el agua de cocción.

Sopa de tomate y patata

Ingredientes para 4 personas

1 kg de tomates bien maduros • 2 ramas de apio
½ pepino • 2 patatas • 3 dientes de ajo • 1 cebolla
2 cucharadas soperas de aceite de oliva • 1 ramito de cilantro
sal y pimienta

Preparación

1/ Cuece al vapor, con su piel, las patatas entre 15 y 20 minutos (deben quedar blandas, pero sin que se deshagan).

2/ Escalda los tomates durante unos segundos en agua hirviendo. Enfríalos, córtalos en dados y quítales las semillas. Resérvalos.

3/ Limpia el apio, quítale los filamentos y las partes duras, y luego córtalo en trozos.

4/ Pela los ajos y la cebolla, y córtalos en rodajas.

5/ Enjuaga las hojas de cilantro, y córtalas groseramente.

6/ Pon a calentar el aceite en una olla a fuego medio. Cuando esté caliente, añade el ajo y la cebolla, deja cocer 1 minuto removiendo sin parar; después agrega el apio y el tomate. Salpimenta, baja el fuego y deja cocer 3 minutos más.

7/ Añade 50 cl de agua, remueve, tapa y deja cocer a fuego lento 20 minutos.

8/ Durante este tiempo, pela el pepino, córtalo en cuatro a lo largo, quítale las semillas, después corta cada parte en cubos pequeños. Resérvalo en un escurridor.

9/ Cuando las patatas estén cocidas, pélalas y córtalas en dados pequeños. Resérvalos.

10/ Cuando la sopa esté lista, tritúrala con todos los ingredientes.

11/ En el momento de servir, recalienta la sopa, luego añade los trozos de pepino y de patata, remueve y esparce por encima el cilantro cortado. Sirve de inmediato.

Consejo

Puedes preparar esta sopa con antelación y conservarla en la nevera. Pero es mejor preparar en el último momento los ingredientes que se le añaden: pepino, patata y cilantro. Su interés gustativo viene no solo de la asociación entre sabores, sino también entre texturas: lo crujiente del pepino, lo blando de las patatas y la suavidad de la sopa.

TRIUNFO PARA EL SISTEMA INMUNITARIO
Esta sopa es un verdadero cóctel de sustancias inmunoestimulantes y bactericidas. Las encontramos en el ajo, la cebolla, el cilantro, el tomate... Las patatas, cocidas al vapor con su piel, conservan la vitamina C, que favorece la acción del sistema inmunitario.

Ensalada de canónigos con pimientos rojos

Ingredientes para 4 personas

1 pimiento rojo grande • 200 g de canónigos
2 cucharadas soperas de yogur natural entero • 3 cucharadas soperas de aceite de germen de trigo
1 cucharada sopera de vinagre de nueces • ½ cucharada sopera de vinagre balsámico
¼ de cucharadita de cúrcuma
sal y pimienta

Preparación

1/ Enjuaga el pimiento rojo, retírale el pedúnculo, después divídelo en dos y quítale las semillas. Córtalo en cubos pequeños.

2/ Enjuaga los canónigos, quítale a cada ramito la raíz, y después escúrrelos.

3/ En el fondo de una ensaladera vierte los dos vinagres, la cúrcuma, la sal y la pimienta. Mezcla bien, añade el aceite en forma de hilo fino, y luego el yogur, sin dejar de remover.

4/ Vierte los cubos de pimiento y los canónigos en la ensaladera, mezcla bien para que las verduras se impregnen de la vinagreta y sirve de inmediato.

Consejo

No prepares esta ensalada con antelación, pues los canónigos se marchitan rápidamente al contacto con el vinagre. Si no quieres hacerla en último momento, prepara la vinagreta, vierte los pimientos y consérvala en la nevera. Añade los canónigos en el momento de servir.

TRIUNFO PARA EL SISTEMA INMUNITARIO
Los canónigos son ricos en vitamina C y vitamina B6, dos nutrientes esenciales para el buen funcionamiento del sistema inmunitario. El pimiento está asociado a la vitamina C y a la vitamina Z, así como a la capsaicina, una sustancia bactericida que participa en la defensa inmunitaria. El yogur contribuye a reforzar la flora intestinal, el agente principal del funcionamiento inmunitario.

Ensalada de col blanca con cilantro y yogur

Ingredientes para 4 personas

½ col blanca (500 g aproximadamente)
1 yogur natural entero · 2 cucharadas soperas de aceite de nueces
2 cucharadas soperas de vinagre de jerez
1 ramita de cilantro
sal y pimienta.

Preparación

1/ Retira las hojas exteriores de la col, si están dañadas, y después enjuágala. Córtala a cuartos y después en juliana, con un cuchillo muy afilado.

2/ Enjuaga las hojas de cilantro, escúrrelas, y luego córtalas finamente.

3/ En el fondo de una ensaladera, vierte el yogur, salpimenta, luego añade el vinagre. Mezcla, luego vierte lentamente el aceite sin dejar de remover. Añade el cilantro cortado, mézclalo todo de nuevo y deja reposar unos minutos para que la vinagreta se impregne bien del sabor aromático.

4/ Añade la col, mézclalo todo y déjala reposar un cuarto de hora en la nevera antes de servirla.

Consejo

Para cortar la col puedes utilizar un robot de cocina equipado de una cuchilla especial para cortar en rodajas. La col blanca es firme y crujiente a la dentadura. El hecho de dejarla reposar en la salsa permite que se ablande un poco. Si lo deseas, puedes prolongar el tiempo de reposo un cuarto de hora.

TRIUNFO PARA EL SISTEMA INMUNITARIO
Cualquiera que sea su variedad, la col es una de las principales verduras para la salud. La col blanca es rica en nutrientes (vitamina C y B, betacaroteno…). Contiene leucina, cuyo fuerte poder antioxidante permite proteger a las células inmunitarias. El yogur tiene una acción estimulante para el sistema inmunitario, al igual que el cilantro.

Ensalada tibia de judías verdes con pato ahumado

Ingredientes para 4 personas

500 g de judías verdes (frescas o congeladas)
100 g de filete de pato ahumado cortado en tiras finas • 2 dientes de ajo • 10 ramas de perejil
3 cucharadas soperas de aceite de nueces • 1 cucharada sopera de vinagre de vino tinto
½ cucharada sopera de vinagre balsámico
sal y pimienta

Preparación

1/ Si las judías verdes son frescas, límpialas y quítales las puntas. Luego cuécelas al vapor entre 15 y 20 minutos (según tu gusto, pues las judías verdes se pueden comer crujientes o bien cocidas). Si utilizas judías verdes congeladas, ponlas a cocer directamente y adapta el tiempo de cocción (cuenta de 20 a 30 minutos).

2/ Durante este tiempo, corta las tiras de pato ahumado con un cuchillo, de tal manera que obtengas dos tiras de unos 2 cm de ancho por 5 cm de longitud.

3/ Pela los dientes de ajo, córtalos en dos a lo largo y quítales la parte central; después aplástalos con el prensador de ajos.

4/ Pon este puré de ajo en una ensaladera, añade el vinagre, la sal, la pimienta y mezcla bien. Luego añade el aceite en forma de hilo, sin dejar de remover.

5/ Enjuaga las hojas de perejil, escúrrelas y córtalas. Añádelas a la vinagreta, así como las tiras de pato ahumado.

6/ Cuando las judías verdes estén cocidas, escúrrelas, déjalas entibiar unos minutos, y después agrégalas a la vinagreta. Mezcla bien y sirve de inmediato, acompañado de finas rebanadas de pan integral tostado.

Consejo

Para que las judías verdes se impregnen de los sabores de la vinagreta, tienes que añadirlas a la temperatura correcta: tibias, nunca calientes. Si utilizas verduras congeladas, puedes preparar rápidamente este plato limitando la parte nutricional.

TRIUNFO PARA EL SISTEMA INMUNITARIO
Las judías verdes aportan una larga lista de vitaminas y de oligoelementos indispensables para el buen funcionamiento del sistema inmunitario. El ajo amplifica lu acción inmunoestimulante, así como el perejil, que contiene mucha vitamina C.

Tallarines de pepino con yogur a las hierbas

Ingredientes para 4 personas

2 yogures naturales enteros • 1 pepino grande • 2 dientes de ajo
10 ramas de perejil plano • 10 ramas de menta fresca • 1 cucharada sopera de zumo de limón
sal y pimienta

Preparación

1/ Pela el pepino, córtalo en cuatro a lo largo, quítale las semillas, y después haz tiras finas, siempre a lo largo, con la ayuda de un pelador. Pon estos tallarines en un colador con un poco de sal y déjalos que suelten el agua.

2/ Durante este tiempo, enjuaga las hojas de menta y de perejil, y después córtalas finamente.

3/ Pela los dientes de ajo, córtalos en dos a lo largo para quitarles la parte central; aplástalos con un prensador de ajos.

4/ Vierte los dos yogures en una ensaladera. Añade el puré de ajo y el zumo de limón, pon pimienta y mezcla.

5/ Escurre los tallarines de pepino muy bien, con cuidado para que no se rompan, y después añádelos a la ensaladera. Mezcla y guarda en la nevera hasta el momento de servir.

Consejo

Si utilizas pepinos cortos, como los que se encuentran en los mercados de las regiones del sur de Francia en verano, es mejor quitarles el amargor antes de prepararlos. Para esto tienes que cortar un pequeño capuchón en uno de los lados, y después frotar el trozo extraído sobre el corte. Se produce entonces una especie de espuma que tienes que limpiar delicadamente con un papel absorbente antes de proceder a la preparación.

TRIUNFO **PARA EL**
SISTEMA INMUNITARIO
Es el yogur el que confiere a este plato una acción estimulante para el sistema inmunitario. Se le suman las hierbas aromáticas, sobre todo el perejil, rico en vitamina C.

Ensalada tibia de patata con yogur perfumado

Ingredientes para 4 personas

4 patatas grandes • 4 ramas de apio muy tierno
2 yogures naturales enteros • 4 pepinillos • ½ cucharadita de cúrcuma
¼ de cucharadita de jengibre en polvo
sal y pimienta

Preparación

1/ Enjuaga las patatas y cuécelas al vapor sin pelarlas unos 20 minutos. Verifica su cocción con la punta de un cuchillo: las patatas deben estar tiernas hasta el corazón, pero sin que se deshagan.

2/ Durante este tiempo, limpia las ramas de apio, retira los filamentos y las partes duras, y después córtalas en juliana.

3/ En una ensaladera vierte los yogures y las especias. Salpimenta y remueve.

4/ Escurre los pepinillos, córtalos en rodajas finas, añádelos a la salsa, así como el apio en juliana. Mezcla.

5/ Cuando las patatas estén cocidas, déjalas entibiar unos minutos, después pélalas y córtalas en dados. Agrégalas a la ensalada, mezcla bien y sirve rápidamente, antes de que se enfríen.

Consejo

Elige una variedad de patata de carne firme, a fin de poder cortarla fácilmente en dados. Puedes también preparar esta ensalada tibia con patata nueva pequeña. En este caso, límpialas bien antes de cocerlas, y después córtalas sin pelar.

TRIUNFO PARA EL SISTEMA INMUNITARIO
Las patatas constituyen una buena fuente de vitamina C. Sus glúcidos proporcionan la energía indispensable para el sistema inmunitario. El yogur completa el conjunto estimulando la flora intestinal.

Ensalada de quinoa con gambas y brotes germinados

Ingredientes para 4 personas

2 vasos de quinoa • 1 vaso de brotes germinados mezclados (alfalfa, fenogreco, lentejas…)
1 cebolla roja • 1 pimiento verde pequeño • 400 g de gambas cocidas peladas
6 ramas de albahaca fresca • 2 cucharadas soperas de zumo de limón
4 cucharadas soperas de aceite de oliva
sal y pimienta

Preparación

1/ Pon a calentar 4 vasos de agua salada. Cuando hierva, añade la quinoa y déjala cocer 10 minutos, removiendo de vez en cuando, hasta que los granos hayan absorbido toda el agua. Déjala entibiar.

2/ Pela la cebolla, córtala en rodajas y después en cubitos.

3/ Enjuaga el pimiento, divídelo en dos, retira las semillas, y córtalo en cubitos.

4/ Enjuaga las hojas de albahaca y córtalas.

5/ En el fondo de una ensaladera, mezcla el aceite de oliva y el zumo de limón, salpimenta, añade la albahaca cortada, y mezcla bien. Agrega los cubitos de cebolla y de pimiento, así como las colas de gamba.

6/ Vierte en la ensaladera los granos de quinoa cocidos y los brotes germinados crudos. Mezcla de nuevo y sirve de inmediato.

Consejo

Encontrarás brotes germinados en el comercio (en los estantes de productos frescos), pero puedes también prepararlos en un semillero. En todo caso, para que te beneficies de su aporte nutricional fuera de lo común, conservando al mismo tiempo todo su sabor, no los dejes más de tres días en la parte baja de la nevera.

TRIUNFO PARA EL SISTEMA INMUNITARIO
La riqueza nutricional excepcional de los brotes germinados es un triunfo de peso. Se unen a la quinoa, que proporciona proteínas beneficiosas y minerales, así como a las gambas, cuyo zinc es indispensable para el sistema inmunitario.

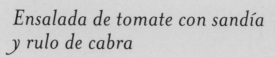

Ensalada de tomate con sandía y rulo de cabra

Ingredientes para 4 personas

4 tomates · ¼ sandía · 150 g de rulo de cabra · 1 manojo de cebollino
4 cucharadas soperas de aceite de oliva · 1 cucharada sopera de vinagre de Jerez
½ cucharadita de vinagre balsámico
sal y pimienta

Preparación

1/ Corta la sandía en rodajas, quítales la cáscara y las semillas, después córtalas en cubos. Ponlos a escurrir en un escurridor.

2/ Escalda los tomates en agua hirviendo unos segundos, enfríalos en agua fría, y pélalos. Divídelos en dos, quítales las semillas, y luego córtalos en cubos.

3/ Enjuaga el cebollino, luego córtalo en trozos pequeños.

4/ En una ensaladera mezcla los vinagres, la sal y la pimienta, y después añade el aceite en forma de hilo sin dejar de remover. Agrega el cebollino cortado, los cubos de tomate y la sandía escurrida. Mezcla bien.

5/ Desmenuza el rulo de cabra por encima del plato antes de servir.

Consejo

No se puede preparar esta ensalada con antelación, pues la sandía tiene tendencia a soltar agua, sobre todo cuando ha sido salada. Puedes reemplazar el cebollino por una mezcla de ajo, albahaca y perejil: así también queda deliciosa.

TRIUNFO PARA EL SISTEMA INMUNITARIO
La asociación del tomate y la sandía es la que confiere a este plato su acción inmunoestimulante, gracias a un alto aporte en licopeno.

Patatas rellenas con morcilla

Ingredientes para 4 personas

600 g de morcilla
4 patatas grandes de carne firme
1 cebolla •1 cucharada sopera de aceite de girasol
sal y pimienta

Preparación

1/ Precalienta el horno a 180°C (termostato 6).

2/ Pela las patatas, córtalas en dos a lo largo y retira un poco de pulpa del centro de cada mitad, de manera que forme un hueco.

3/ Cocina las patatas al vapor 10 minutos. Deben quedar bien firmes, pues las terminarás de cocer en el horno.

4/ Durante este tiempo, pela la cebolla y córtala en juliana.

5/ Pon a calentar aceite en una sartén a fuego medio, después pon la cebolla. Sala, remueve, baja el fuego y deja cocer 5 minutos, a fuego lento, vigilando para que no se pegue.

6/ Quítale la tripa a la morcilla. Cuando las cebollas estén rehogadas, añade la carne de la morcilla. Sube un poco el fuego y deja cocer 3 minutos, removiendo sin parar. Coloca las patatas a medio cocer en una bandeja para el horno, y rellénalas con la mezcla de morcilla y cebolla. Pon abundante pimienta.

7/ Vierte 4 cucharadas soperas de agua en el fondo de la bandeja e introdúcela en el horno. Hornea unos 20 minutos. Sirve inmediatamente.

Consejo

Para ganar tiempo, puedes preparar este plato utilizando morcilla de cebolla. Verifica la cocción de las patatas pinchándolas con la punta de un cuchillo. Si quieres un plato más ligero, reemplaza las patatas por calabacines, los cuales tienes que rellenar en crudo. Puedes decorarlo con algunas hojas de perifollo en el momento de servir.

TRIUNFO PARA EL SISTEMA INMUNITARIO
La morcilla aporta al sistema inmunitario un oligoelemento precioso, el hierro. Este se asocia a los compuestos antioxidantes de la cebolla y a los numerosos nutrientes contenidos en la patata. Todo ello para estimular las inmunidades débiles.

Morcilla con manzanas

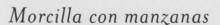

Ingredientes para 4 personas

800 g de morcilla • 500 g de patatas • 500 g de manzanas
¼ de cucharadita de jengibre en polvo • 1 pizca de nuez moscada
½ vaso de leche semidesnatada • 5 g de mantequilla fresca
sal y pimienta

Preparación

1/ Pela las patatas y cuécelas el vapor unos 20 minutos.

2/ Pela las manzanas, quítales la parte central con las semillas, y córtalas a cuartos.

3/ Calienta la mantequilla en una sartén a fuego medio, y pon las manzanas. Salpimenta, añade el jengibre, remueve, tapa, baja el fuego y deja cocer unos 15 minutos.

4/ Cuando las patatas estén cocidas (tienen que estar blandas), aplástalas con el tenedor en una bandeja, añadiendo leche, sal, pimienta y nuez moscada. Mantenlas calientes.

5/ Cuando las manzanas estén cocidas, aplástalas con un tenedor en otra bandeja. Mantenlas calientes.

6/ Pon a calentar una sartén grande a fuego fuerte. Pincha las morcillas con un tenedor para que no se revienten durante la cocción, y después ponlas en la sartén. Déjalas cocer unos 15 minutos, dándoles la vuelta de vez en cuando, hasta que estén bien asadas. Sirve las morcillas acompañadas de los dos purés.

Consejo

Elige preferiblemente manzanas de sabor ácido, que combinan mejor con los platos salados. Para que este plato salga bien tienes que, sobre todo, organizarte, de manera que no tengas que recalentar los purés, sobre todo el de patata, al cual no le va bien ser recalentado.

TRIUNFO PARA EL SISTEMA INMUNITARIO
El jengibre y la nuez moscada aportan una pincelada de tono a esta receta, cuyos ingredientes principales facilitan la acción del sistema inmunitario.

morcilla

alcachofas

Morcilla a la plancha con corazones de alcachofa

Ingredientes para 4 personas

*800 g de morcilla • 500 g de corazones de alcachofa congelados
3 chalotas • 2 cucharadas soperas de aceite de girasol
sal y pimienta*

Preparación

1/ Pon a descongelar los corazones de alcachofa con antelación, a fin de que estén listos para cuando decidas preparar este plato.

2/ Corta los corazones de alcachofa en láminas.

3/ Pela las chalotas, y córtalas también en láminas finas.

4/ Pon a calentar dos sartenes a fuego fuerte. En la más pequeña vierte el aceite de girasol. Cuando esté caliente, añade las chalotas, déjalas cocer 1 minuto removiendo sin parar, y luego agrega los corazones de alcachofa. Salpimenta abundantemente, remueve, después baja el fuego y deja cocer doce minutos.

5/ En la otra sartén, pon las morcillas, las cuales habrás previamente pinchado con un tenedor para que no se revienten durante la cocción.

6/ Déjalas cocinar unos 15 minutos, dándoles la vuelta con regularidad, hasta que estén bien asadas.

7/ Sirve las morcillas acompañadas de los corazones de alcachofa salteados.

Consejo

Puedes preparar este plato con corazones de alcachofas frescos. Es un poco más sabroso, pero necesita mucho más tiempo y es más caro. En ese caso tienes que quitarles las hojas y las pelusas a las alcachofas, después cocinar ligeramente los corazones así obtenidos al vapor antes de prepararlos.

TRIUNFO PARA EL
SISTEMA INMUNITARIO
*Las alcachofas y la
morcilla contienen
hierro,
indispensable para
la el sistema
inmunitario. La
alcachofa ejerce,
además, un efecto
depurativo sobre el
hígado y facilita el
tránsito intestinal.*

Pata de cordero al horno con lichis

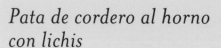

Ingredientes para 4 personas

1 pata de cordero de al menos 1,5 kg
1 kg de lichis frescos • 100 g de chalotas
sal y pimienta

Preparación

1/ Precalienta el horno a 200ºC (termostato 6 ó 7).

2/ Pela las chalotas, y córtalas en juliana.

3/ Pon la pata de cordero en una bandeja de horno, salpimenta. Coloca alrededor las chalotas y lleva al horno 35 minutos, dándole la vuelta a media cocción.

4/ Durante ese tiempo, pela los lichis y córtalos en dos para quitarles la semilla.

5/ Al cabo de los 35 minutos, saca la pata del horno, coloca alrededor los lichis, mezclándolos bien con las chalotas, después lleva de nuevo al horno durante 10 minutos más.

6/ Sirve la carne y los lichis, acompañados de quinua o de arroz integral.

Consejo

No pongas los lichis demasiado pronto, pues no resisten bien el calor. 10 minutos es tiempo suficiente para que estén calientes y se impregnen de los sabores de la cocción, sin estar verdaderamente cocidos. Si la pata de cordero es demasiado grande, o si te gusta más cocida, ten la precaución de añadir la fruta 10 minutos antes del final de la cocción.

TRIUNFO PARA EL SISTEMA INMUNITARIO
La vitamina C de los lichis se une al hierro y a las proteínas que aporta la pata de cordero. Un cóctel tonificante que refuerza las defensas inmunitarias fatigadas.

Pata de cordero asada con especias

Ingredientes para 4 personas

1 pata de cordero de al menos 1,5 kg • 1 limón • 1 cucharada sopera de aceite de oliva
1 cucharadita de cúrcuma • 1 cucharadita de jengibre en polvo • ½ cucharadita de canela
sal y pimienta

Preparación

1/ Pídele a tu carnicero que te corte la pata de cordero de manera que te quepa en una olla oval grande.

2/ Exprime el limón. Añade la sal, la pimienta y las especias al zumo. Mezcla bien. Con la ayuda de un pincel de cocina, unta bien la pata por todas partes.

3/ Pon a calentar el aceite a fuego medio en una olla grande, luego pon la pata. Déjala dorar por una cara, dale la vuelta y déjala dorar por la otra. Baja ligeramente el fuego y tapa.

4/ Deja cocer la pata así, tapada, 90 minutos, untándola con las especias cada vez que le des la vuelta (más o menos cada 15 minutos).

Consejo

Esta pata es deliciosa con manzanas al vapor, puré de brócoli, judías verdes saltea-das o simplemente con una ensalada de canónigos aderezada con limón. En todos los casos, el plato así obtenido tendrá lo necesario para estimular tu sistema inmunita-rio.

TRIUNFO PARA EL SISTEMA INMUNITARIO
Canela, jengibre, cúrcuma: he aquí un trío de choque para estimular el sistema inmunitario y para liberar el tubo digestivo de los gérmenes que quieran instalarse en él.

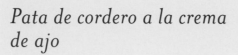

Pata de cordero a la crema de ajo

Ingredientes para 4 personas

*1 pata de cordero de al menos 1,5 kg • 20 dientes de ajo
1 ramo de romero • 2 cucharadas soperas de nata líquida
1 cucharada sopera de aceite de oliva
sal y pimienta*

Preparación

1/ Precalienta el horno a 200°C (termostato 6 ó 7).

2/ En una bandeja de horno pon la pata y coloca alrededor los dientes de ajo sin pelar.

3/ Utiliza las ramas de romero como pincel, que remojarás en el aceite de oliva para frotar la pata. Después salpimenta y lleva al horno 45 minutos.

4/ Saca la pata y recupera los dientes de ajo. Aplástalos, de uno en uno, a fin de extraer el puré de ajo, que has de ir poniendo al mismo tiempo en un tazón. Después añade la nata. Salpimenta y mezcla bien.

5/ Sirve la pata de cordero bien caliente, acompañada del puré de ajo.

Consejo

Pídele a tu carnicero que desgrase bien la pata cuando te la arregle. La cocción de esta carne depende del tamaño de la pieza: se cuentan 15 minutos por cada 500 g para una carne poco hecha, un poco más para una carne en su punto.

**TRIUNFO PARA EL
SISTEMA INMUNITARIO**
Es el ajo el que le confiere a esta receta su acción estimulante para el sistema inmunitario. Se le unen el efecto antiséptico del romero y las proteínas beneficiosas de la pata, de las que el sistema inmunitario tiene necesidad para fabricar numerosas sustancias esenciales.

Carpaccio de vieiras a la vainilla

Ingredientes para 4 personas

16 vieiras
8 ramitos de canónigos • 2 vainas de vainilla
2 cucharadas soperas de aceite perfumado a la trufa
1 cucharada sopera de vinagre balsámico
sal y pimienta

Preparación

1/ Pídele a tu pescadero que te prepare las vieiras.

2/ Retira la carne y quítale el coral. Con un cuchillo muy afilado, corta la carne en láminas finas y regulares y ponlas en cuatro platos individuales.

3/ Haz un corte a lo largo de las vainas de vainilla, luego rasca su interior para recuperar los pequeños granos negros. Pon estos granos en un tazón pequeño y riégalos con el aceite perfumado. Déjalos reposar unos minutos.

4/ Sala ligeramente y pon pimienta en abundancia sobre las láminas de vieira, después riégalas con el aceite a la vainilla.

5/ Decora el fondo de cada plato con un hilo de vinagre balsámico y dos ramitos de canónigos y sírvelas acompañadas de rebanadas finas de pan integral tostadas.

Consejo

Puedes utilizar las vainas de vainilla y los corales de vieira para otras preparaciones. Las primeras pueden perfumar la leche si preparas un flan o un pastel de arroz, y las segundas son una excelente base para hacer una salsa para acompañar un pescado blanco.

TRIUNFO PARA EL SISTEMA INMUNITARIO
Las vieiras son ricas en zinc, un oligoelemento esencial para el sistema inmunitario. La vainilla, ligeramente estimulante, añade un toque tonificante.

Vieiras a la plancha con hebras de azafrán

Ingredientes para 4 personas

16 vieiras
1 sobrecito de azafrán en hebras • 2 dientes de ajo • 1 vaso de vino blanco seco
2 cucharadas soperas de nata líquida • 2 cucharadas soperas de aceite de girasol
sal y pimienta

Preparación

1/ Pídele a tu pescadero que te prepare las vieiras. Retira la carne y el coral. Corta la carne en dos.

2/ Pela los dientes de ajo, divídelos en dos a lo largo y retírales la parte central; después córtalos en juliana.

3/ En una paella grande, pon a calentar el aceite a fuego vivo, añade la juliana de ajo, remueve, después dora la carne de vieira y el coral 2 minutos por cada cara.

4/ Salpimenta, añade el azafrán en hebras, remueve, y vierte el vino blanco. Baja el fuego y deja cocer 5 minutos a fuego medio.

5/ Añade la nata y mezcla fuera del fuego. Sirve de inmediato.

Consejo

Si no te gusta la textura del coral, puedes triturarlo, con la crema fresca y añadir esta crema de color naranja y perfumada al final de la cocción.

TRIUNFO PARA EL SISTEMA INMUNITARIO
El zinc de los mariscos, la acción purificante del azafrán y las sustancias bactericidas del ajo: esta asociación es para estimular al más fatigado de los sistemas inmunológicos.

Vieiras marinadas y chutney de tomates

Ingredientes para 4 personas

16 vieiras • 1 kg de tomates • 2 limas • 2 dientes de ajo • 8 orejones
2 cucharadas soperas de azúcar semirrefinado • 6 cucharadas soperas de aceite de oliva
1 cucharada sopera de cúrcuma • 4 granos de cardamomo • 1 cucharadita de jengibre en polvo
1 trozo de jengibre fresco (de unos 70 g) • 1 pizca de pimienta de cayena
sal y pimienta

Preparación

1/ Pela los dientes de ajo y aplástalos con el prensador de ajos. Prepara la marinada mezclando el zumo de las limas, 4 cucharadas soperas de aceite de oliva, el jengibre, la cúrcuma, los granos de cardamomo aplastados groseramente y el puré de ajo. Salpimenta.

2/ Retira el coral y corta la carne en láminas de aproximadamente 1 cm de grueso, ponlas en un plato hondo y riégalas con la marinada. Consérvalas en la nevera al menos 2 horas.

3/ Durante ese tiempo, prepara el *chutney*. Pela los tomates, quítales las semillas y córtalos en cubos pequeños. Pela el jengibre y rállalo groseramente a fin de obtener filamentos bastante gruesos. Corta los orejones en juliana.

4/ Pon a calentar a fuego fuerte 1 cucharada sopera de aceite de oliva en una olla. Añade el jengibre y la juliana de orejones. Salpimenta abundantemente, agrega pimienta de cayena y el azúcar semirrefinado. Mezcla bien y deja cocer 2 minutos. Después añade los cubos de tomate y deja que se cocinen a fuego lento, sin tapar, 30 minutos, hasta que el agua de los tomates se haya evaporado.

5/ Cuando el *chutney* tome la consistencia de una mermelada, viértelo en un tazón y déjalo enfriar, primero a temperatura ambiente y, cuando ya esté tibio, en la nevera.

6/ En el último momento, saca la carne de vieira de la marinada. Cuélala y consérvala. Pon a calentar la última cucharada sopera de aceite de oliva en una sartén a fuego medio, después pon las rodajas de vieira. Dóralas 2 minutos por cada lado, después riégalas con 4 cucharadas soperas de la marinada colada. Deja calentar 1 minuto más. Sírvelas de inmediato, acompañadas del *chutney* de tomate.

Consejo

Puedes cortar el jengibre en bastoncitos. Su sabor será más intenso. Es también posible reemplazar los orejones por pasas de uva.

TRIUNFO PARA EL SISTEMA INMUNITARIO
Los ingredientes de este plato aportan numerosos nutrientes inmunoestimulantes: zinc, betacaroteno, licopeno... Las especias, tonificantes, añaden su toque revitalizante.

Cazuelita de gambas al cilantro

Ingredientes para 4 personas

*800 g de judías blancas • 600 g de gambas crudas congeladas y enteras
2 cebollas • 4 dientes de ajo • 4 tomates • 10 ramas de cilantro fresco
1 cucharada sopera de semillas de cilantro • 4 cucharadas soperas de aceite de oliva
1 pizca de pimienta de cayena
sal y pimienta*

Preparación

1/ Descongela las gambas a temperatura ambiente durante unas 2 horas. Después separa las cabezas de las colas con la ayuda de un cuchillo.

2/ Desgrana las judías. Ponlas en una marmita, con las cabezas de las gambas y las semillas de cilantro colocadas dentro de un saquito, cubre con agua fría sin sal, y cuece 15 minutos.

3/ Pela el ajo y la cebolla, y córtalos en juliana.

4/ Pon a calentar 2 cucharadas soperas de aceite de oliva a fuego medio en una olla. Añade la juliana de ajo, remueve, deja cocer 1 minuto, y luego agrega la cebolla. Remueve, baja el fuego, tapa y deja cocer 3 minutos.

5/ Pela los tomates, quítales las semillas, y córtalos en cubos. Añádelos a la olla. Remueve y déjalos cocer de 10 a 15 minutos.

6/ Escurre las judías y retira el saquito con las semillas de cilantro. Viértelas en la olla y agrega un poco de agua de tal manera que las cubra. Pon pimienta, pimienta de cayena, mezcla, luego tapa y deja cocer a fuego lento durante 1 hora más, poniendo la sal a media cocción.

7/ Precalienta el horno a 180°C (termostato 6).

8/ Pon a calentar el resto del aceite de oliva en una sartén grande a fuego medio y cocina las colas de las gambas 2 minutos por cada lado. Salpimenta ligeramente.

9/ Cuando las judías estén cocidas, viértelas en una cazuela de barro apto para el horno, coloca por encima, hundiéndolas un poco, las colas de gambas medio cocidas. Hornea hasta dorar, de 5 a 6 minutos.

10/ Esparce las hojas de cilantro cortadas por encima de las judías en el momento de servir.

Consejo

Si utilizas judías secas, ponlas en remojo la víspera por la noche, después cuécelas primero en agua sin sal durante 1,5 horas en lugar de 15 minutos. A continuación puedes proceder de la misma manera que con las judías frescas.

TRIUNFO PARA EL SISTEMA INMUNITARIO
Los glúcidos de las judías blancas proporcionan al organismo energía de manera duradera. El sistema inmunitario saca partido al mismo tiempo que lo hacen las otras funciones. Las gambas aportan zinc y el cilantro, compuestos bactericidas.

Langostinos salteados con jengibre y naranja

Ingredientes para 4 personas

800 g de langostinos crudos (o de gambas grandes) enteros congelados • ½ naranja (zumo)
½ limón (zumo) • 2 dientes de ajo • 2 chalotas • 2 cucharadas soperas de aceite de oliva
1 trozo de jengibre fresco (aproximadamente 50 g) • 1 pizca de pimienta de cayena
sal y pimienta

Preparación

1/ Descongela los langostinos a temperatura ambiente al menos durante 2 horas.

2/ Pela las chalotas y córtalas en juliana. Pela los dientes de ajo, divídelos en dos a lo largo para quitarles la parte central, y córtalos en láminas finas. Pela el jengibre y rállalo groseramente.

3/ Pon a calentar el aceite en una sartén grande a fuego medio, luego añade el ajo, la chalota y el jengibre. Déjalos dorar 2 minutos removiendo sin parar, después agrega los langostinos. Déjalos cocer 3 minutos por cada lado.

4/ Luego vierte en la sartén el zumo de naranja y el de limón, a los que les habrás añadido sal, pimienta y pimienta de cayena. Tapa, baja el fuego un poco y deja hervir suavemente 5 minutos. Sirve inmediatamente.

Consejo

Para ganar tiempo, puedes utilizar colas grandes de gambas cocidas. El plato será menos gustoso, pero lo tendrás listo en 5 minutos. Lo ideal es, desde luego, utilizar gambas o langostinos frescos.

TRIUNFO PARA EL SISTEMA INMUNITARIO
El zinc de los langostinos, la vitamina C de la naranja y las sustancias tonificantes del jengibre, he aquí los principales agentes capaces de estimular tu sistema inmunitario cuando degustes este plato.

Gambas salteadas con frambuesa y cebolla roja

Ingredientes para 4 personas

800 g de gambas enteras crudas congeladas • 300 g de frambuesas frescas
2 cebollas rojas grandes • ½ vaso de zumo de manzana
2 cucharadas soperas de aceite de girasol
sal y pimienta

Preparación

1/ Descongela las gambas a temperatura ambiente durante al menos 2 horas.

2/ Pela las cebollas y córtalas en juliana.

3/ Enjuaga las frambuesas y escúrrelas.

4/ Pon a calentar el aceite en una sartén grande a fuego medio, añade las cebollas, salpimenta y deja dorar 2 minutos, removiendo sin parar. Después baja el fuego, tapa y cocina 5 minutos.

5/ Sube el fuego, añade las gambas y déjalas cocer 3 minutos por cada lado.

6/ Vierte el zumo de manzana, cuece 3 minutos más.

7/ Añade las frambuesas y déjalas cocer 2 minutos más, sin remover, a fin de no romperlas. Sirve inmediatamente.

Consejo

Las frambuesas son generalmente un poco ácidas, por eso esta receta no contiene zumo de limón. Si las frambuesas que uses están muy maduras y han perdido su acidez, mézclale al zumo de manzana el de medio limón.

TRIUNFO PARA EL SISTEMA INMUNITARIO
Las frambuesas ejercen una acción directa sobre los gérmenes gracias al ácido tánico. La cebolla roja aporta sustancias antioxidantes, sobre todo el licopeno y la quercetina. Sin olvidar, desde luego, el aporte en zinc de las gambas.

gambas

pan integral

vieiras

Crujientes de gambas y vieira

Ingredientes para 4 personas

4 rebanadas grandes de pan integral • 8 colas de gambas cocidas • 12 vieiras (sin el coral)
8 hojas de lechuga • 3 dientes de ajo • 5 ramas de perejil liso
2 cucharadas soperas de aceite de oliva
sal y pimienta

Preparación

1/ Corta la carne de las vieiras en rodajas de 1 cm de espesor más o menos. Corta a lo largo las colas de las gambas en dos.

2/ Pela 2 dientes de ajo, córtalos en dos a lo largo y quítales la parte central, luego hazlo puré con la prensa de ajos.

3/ Enjuaga las hojas de perejil y córtalas finamente. Mezcla el perejil con el puré de ajo.

4/ Pon a calentar aceite en una sartén grande a fuego medio. Añade la mezcla de ajo y de perejil, y deja que tomen color durante 1 minuto, removiendo, y después agrega las rodajas de vieira. Salpimenta y deja dorar 2 minutos por cada lado. Luego pon las colas de gambas cortadas y deja cocer 1 minuto más.

5/ Pon a tostar 4 rebanadas de pan.

6/ Mientras tanto, corta las hojas de lechuga en juliana.

7/ Frota las rebanadas de pan tostado con el último diente de ajo, luego haz un lecho de lechuga. Dispón sobre cada rebanada de pan dos vieiras y dos colas de gambas. Riega con el jugo de la cocción y sirve inmediatamente.

Consejo

El lecho de lechuga permite que el pan tostado no se ablande al contacto con el jugo de cocción. Elige pan integral de buena calidad, tipo payés o campesino redondo, para que las rebanadas sean bastante grandes. Pídele a tu panadero que te lo corte, para que sean relativamente finas. Elige también colas de gambas de tamaño medio.

TRIUNFO PARA EL SISTEMA INMUNITARIO
El pan integral presenta un concentrado de nutrientes directamente utilizados por el sistema inmunitario: vitaminas del grupo B, glúcidos complejos y minerales. El aporte en zinc se completa con las gambas y las vieiras. Se unen al ajo, bactericida y al perejil, repleto de vitamina C.

MI COCINA PARA EL SISTEMA INMUNITARIO

pan integral *tomate* *canónigos*

Brocheta con canónigos y parmesano

Ingredientes para 4 personas

4 rebanadas de pan integral • 2 dientes de ajo
1 tomate bien firme • 12 ramos de canónigos • 1 trozo de parmesano
5 ramas de albahaca fresca • 2 cucharadas soperas de aceite de oliva
sal y pimienta

Preparación

1/ Pela los dientes de ajo, córtalos en dos a lo largo para quitarles la parte central, y después hazlos puré con un prensador de ajos.

2/ Enjuaga las hojas de albahaca y córtalas finamente.

3/ Escalda los tomates en agua hirviendo unos segundos, enfríalos, pélalos, quítales las semillas, y después córtalos en daditos.

4/ En un tazón, mezcla el puré de ajo, la albahaca cortada, los dados de tomate y el aceite. Salpimenta. Mezcla bien.

5/ Enjuaga los ramos de canónigos, después córtalos groseramente con un cuchillo. Añádelos a la mezcla.

6/ Tuesta las rebanadas de pan. Unta cada una con algunas cucharadas soperas de la mezcla, luego espolvoréalas con virutas de parmesano, cortadas con ayuda de un pelador. Sirve inmediatamente.

Consejo

Puedes, si lo prefieres, no cortar los ramos de canónigos. En este caso, solo quítales las raíces y ponlos, tal cual, sobre el pan tostado untado con una capa delgada de la preparación de tomate, ajo y albahaca.

TRIUNFO PARA EL SISTEMA INMUNITARIO
Es el betacaroteno el que confiere a los canónigos su acción estimulante sobre el sistema inmunitario. El tomate aporta el licopeno y el ajo, sustancias bactericidas. Sin olvidar los ácidos grasos del aceite de oliva y los micronutrientes del pan integral.

MI COCINA **PARA EL SISTEMA INMUNITARIO**

82 Verduras

Brocheta con tiras de corazón de alcachofa

Ingredientes para 4 personas

4 rebanadas de pan integral • 4 corazones de alcachofa congelados
1 diente de ajo • 2 cucharadas soperas de aceite de oliva• ½ cucharadita de cúrcuma
¼ de cucharadita de jengibre en polvo • 2 ramitas de cilantro
sal y pimienta

Preparación

1/   Descongela los corazones de alcachofa a temperatura ambiente durante al menos 3 horas.

2/   Pela el diente de ajo, córtalo en dos a lo largo para quitarle la parte central, y luego córtalo en láminas finas.

3/   Enjuaga las hojas de cilantro.

4/   Corta los corazones de alcachofa en láminas lo más finas posible.

5/   Pon a calentar el aceite en una sartén a fuego medio, luego añade las láminas de ajo. Dóralas 1 minuto removiendo sin parar, y añade las especias. Remueve, y luego añade las láminas de alcachofa. Salpimenta, vierte 3 cucharadas soperas de agua, mezcla bien, baja ligeramente el fuego, tapa y deja cocer 5 minutos.

6/   Tuesta las rebanadas de pan, después pon encima los corazones de alcachofa y sirve inmediatamente.

Consejo

También puedes preparar esta receta con alcachofas frescas, a condición de que estén muy tiernas. En ese caso, quítales las hojas más duras, córtalas a ras del corazón y cocínalas ligeramente al vapor antes de dorarlas. Para la decoración, puedes reemplazar las hojas de cilantro por un poco de perifollo o de perejil.

TRIUNFO PARA EL SISTEMA INMUNITARIO
Las especias tienen mucho que ver con la acción inmunoestimulante de esta receta sabrosa y fácil de preparar. La alcachofa, depurativa para el hígado y ligeramente laxante, ayuda al organismo a desembarazarse de los residuos orgánicos que podrían disminuir la respuesta del sistema inmunitario.

quinoa　　　*brócoli*

Quinoa con brócoli

Ingredientes para 4 personas

2 vasos de quinoa • 2 dientes de ajo • 1 cebolla grande • 1 pimiento rojo
500 g de brócoli • 1 ramo grande de romero • 3 cucharadas soperas de aceite de oliva
sal y pimienta

Preparación

1/ Pon a calentar 4 vasos de agua con sal. Cuando hierva, vierte la quinoa y déjala cocer 10 minutos, removiendo de vez en cuando, hasta que los granos hayan absorbido toda el agua. Deja entibiar.

2/ Pela los ajos y la cebolla, y córtalos en juliana.

3/ Enjuaga el pimiento, quítale las semillas y córtalo en dados muy pequeños.

4/ Limpia el brócoli, quítale los tallos demasiado gruesos y sepáralo en pequeños ramitos. Pon a calentar agua con sal y el ramo de romero en la parte baja de una vaporera, luego pon encima la cesta con los ramitos de brócoli. Déjalos cocer 10 minutos.

5/ Pon a calentar el aceite a fuego medio en una sartén, añade el ajo y la cebolla y déjalos tomar color durante 2 minutos, sin dejar de remover. Después agrega los dados de pimiento, salpimenta, baja el fuego, tapa y deja cocer 5 minutos.

6/ Vierte la quinoa, remueve bien, luego añade los ramos de brócoli cocidos. Deja que los sabores se integren durante unos minutos, a fuego lento, removiendo con regularidad. Sirve muy caliente.

Consejo

Este plato es delicioso con el brócoli ligeramente crujiente. Si lo prefieres más tierno, prolonga un poco el tiempo de cocción al vapor. Puedes reemplazar el romero por un ramo grande de tomillo o un ramo de hierbas (tomillo, romero y laurel).

TRIUNFO PARA EL SISTEMA INMUNITARIO
Sólo el brócoli justifica la acción inmunoestimulante de este plato, pues esta verdura es una verdadera mina de nutrientes de los que nuestras defensas están ávidas. El pimiento rojo aporta, además, betacaroteno y la cebolla, antioxidantes principales.

Crumble *de tomate*

Ingredientes para 4 personas

1 kg de tomates bien maduros • 4 dientes de ajo • 10 ramas de perejil liso
120 g de rulo de cabra • 70 g de parmesano rallado • 80 g de harina integral
50 g de pan rallado • 6 cucharadas soperas de aceite de oliva
sal y pimienta

Preparación

1/ Precalienta el horno a 140°C (termostato 4 ó 5).

2/ Escalda los tomates unos segundos en agua hirviendo, luego enfríalos en agua fría, córtalos en dos y quítales las semillas. Ponlos en una rejilla.

3/ Pela los dientes de ajo y redúcelos a puré con el prensador de ajos.

4/ Enjuaga las hojas de perejil y córtalas finamente.

5/ Mezcla el perejil cortado con el puré de ajo, añade 1 cucharada sopera de aceite de oliva y el rulo de cabra. Salpimenta, mezcla bien, luego cubre con esta preparación los tomates cortados. Lleva al horno 1 hora más o menos.

6/ Mientras tanto, prepara la mezcla para el *crumble*. Mezcla la harina, el pan rallado, el parmesano y el resto del aceite de oliva. Salpimenta ligeramente. Trabaja la mezcla (rectificando, si es necesario, las cantidades) hasta que tenga una textura granulada.

7/ Saca los tomates del horno y sube la temperatura del mismo hasta los 200°C (termostato 6).

8/ Levanta los tomates con una espumadera y disponlos en una cazuela de barro apta para el horno. Vigila que queden bien apretados. Espolvoréalos por encima con la mezcla de *crumble* y lleva al horno. Hornéalos de 20 a 25 minutos, hasta que la superficie esté bien crujiente. Sírvelos fríos o calientes.

Consejo

Este crumble *se puede degustar frío también, pero pierde un poco de sabor. Su éxito reside en el grado de cocción de los tomates durante la primera parte de la receta. Si tienen demasiada agua, tendrás que alargar un poco el tiempo de cocción. Cuando los pongas en la bandeja para el horno, vigila que estén bien escurridos si aún sueltan líquido.*

TRIUNFO PARA EL SISTEMA INMUNITARIO
La asociación de los tomates, el ajo y el aceite de oliva convierten a este plato en uno de los mejores amigos de tu sistema inmunitario gracias, especialmente, al licopeno y a los ácidos grasos esenciales.

Patatas salteadas con alcachofas y ajo

Ingredientes para 4 personas

*4 alcachofas • 800 g de patatas nuevas pequeñas • 4 dientes de ajo
1 ramo de hierbas • 2 cucharadas soperas de aceite de oliva
sal y pimienta*

Preparación

1/ Enjuaga bien las patatas y cuécelas al vapor, sin pelar, durante 10 minutos.

2/ Limpia las alcachofas. Córtales el tallo a ras de las hojas, retira las que estén más duras, y luego corta el resto a 1 cm del corazón. Corta los corazones en dos, retira la parte central, y córtala en láminas.

3/ Pela los dientes de ajo, divídelos en dos a lo largo para quitarles la parte central, y córtalos en juliana.

4/ Pon a calentar el aceite en una sartén a fuego medio. Añade el ajo y déjalo que tome color, removiendo, durante 1 minuto. Después añade las alcachofas laminadas. Salpimenta, añade el ramo de hierbas, remueve y dora 3 minutos.

5/ Agrega 1 vaso de agua fría, remueve, baja el fuego, tapa y cuece 10 minutos.

6/ Retira el ramo de hierbas, luego añade las patatas. Mezcla bien, tapa y deja cocer todo de 5 a 10 minutos más según sea el tamaño de las patatas. Sirve caliente, acompañando aves o cordero.

Consejo

El tiempo de cocción total depende del tamaño de las patatas y de su variedad. Si son muy grandes, córtalas en dos. Al final de la cocción, el agua debe de haberse evaporado sin que el plato haya quedado seco.

TRIUNFO PARA EL SISTEMA INMUNITARIO
Cocinadas de esta manera, las patatas conservan una gran parte de su preciosa vitamina C, amiga íntima de nuestro sistema inmunitario. Durante la cocción, los aromas del ramo de hierbas difundirán numerosas sustancias bactericidas.

Tarta de tomate y patata

Ingredientes para 4 personas

150 g de harina integral • 4 tomates bien maduros
400 g de patatas nuevas pequeñas • 3 huevos • 4 cucharadas soperas de nata líquida
120 g de rulo de cabra • 1 manojo de cebollino • 10 cl de aceite de oliva
sal y pimienta

Preparación

1/ Precalienta el horno a 180°C (termostato 6).

2/ Prepara la masa mezclando el aceite de oliva con 15 cl de agua. Sala y vierte la harina en forma de lluvia. Mezcla hasta obtener una masa firme y elástica pero que no se pegue (de ser necesario, ajusta las cantidades de harina o de agua). Deja reposar la masa durante 30 minutos.

3/ Enjuaga bien las patatas, córtalas en rodajas sin pelarlas. Luego cuécelas al vapor 10 minutos.

4/ Escalda los tomates en agua hirviendo unos segundos. Enfríalos en agua fría, quítales las semillas y corta la carne en dados pequeños. Déjalos escurrir en un colador con un poco de sal.

5/ Enjuaga el cebollino y córtalo finamente con un cuchillo.

6/ Extiende la masa con un rodillo, luego ponla en un molde de tarta untado con un poco de aceite. Dispón por encima las rodajas de patata y luego los dados de tomate bien escurridos. Salpimenta.

7/ En un cuenco, bate los huevos con la nata y el rulo de cabra. Pon pimienta y agrega el cebollino cortado. Mezcla bien y vierte en el molde. Lleva al horno 30 minutos.

8/ Aumenta la temperatura del horno a 220°C (termostato 6 ó 7) y deja que la tarta se dore 5 minutos. Sácala del horno y déjala entibiar un cuarto de hora antes de servirla.

Consejo

Según la estación y la variedad, los tomates estarán más o menos cargados de agua. Tómate tu tiempo para dejarlos escurrir bien, a fin de que no corras el riesgo de que se ablande la tarta. Puedes variar el sabor de este plato cambiando las hierbas aromáticas: albahaca, cilantro… También es posible preparar esta tarta en moldes individuales, adornados con brotes germinados.

TRIUNFO PARA EL SISTEMA INMUNITARIO
La asociación entre los tomates y las patatas crea un cóctel muy eficaz para estimular el sistema inmunitario. La vitamina C, el licopeno y el betacaroteno se unen a los glúcidos de la harina integral y a las proteínas de los huevos y del queso de cabra.

Puré de judías verdes con virutas de jengibre

Ingredientes para 4 personas

1 kg de judías verdes • 2 dientes de ajo • 3 cucharadas soperas de aceite de oliva
1 trozo de jengibre fresco (de aproximadamente 50 g)
1 cucharada de café de comino
sal y pimienta

Preparación

1/ Limpia las judías verdes, quítales las puntas y cuécelas al vapor durante 20 minutos.

2/ Pela el jengibre y córtalo en láminas muy finas, como virutas.

3/ Pela los dientes de ajo, córtalos en dos a lo largo y quítales la parte central. Córtalos en juliana.

4/ Pon a calentar a fuego medio 1 cucharada de aceite en una sartén pequeña. Agrega el ajo y el jengibre. Salpimenta y deja cocer 2 minutos, removiendo regularmente.

5/ Cuando las judías estén bien cocidas, lícualas con el resto del aceite de oliva, el comino y el contenido de la sartén, del que habrás reservado 1 cucharada. Hazlo hasta obtener un puré bien liso. Si hace falta, añade un poco más de aceite de oliva.

6/ Si es necesario, rectifica de sal, luego vierte el puré en un plato y decóralo con el resto de ajo y jengibre cocidos.

7/ Sirve inmediatamente, acompañando aves o pescado.

Consejo

Puedes preparar este puré con judías verdes congeladas. En ese caso, cuécelas directamente, sin descongelarlas previamente. Cuenta un tiempo de cocción un poco más largo (de 25 a 30 minutos). Si el jengibre es demasiado fibroso como para que lo cortes en láminas, hazlo en bastoncitos y déjalos dorar un poco más de tiempo.

TRIUNFO PARA EL SISTEMA INMUNITARIO
Jengibre, ajo y comino aportan sus virtudes a la riqueza nutricional de las judías verdes, que contienen especialmente betacaroteno, zinc, hierro, selenio...

Ramos de brócoli a la crema de canónigos

Ingredientes para 4 personas

1 kg de brócoli fresco • 300 g de canónigos • 3 cucharadas soperas de natu espesa
1 cuchara sopera de aceite de girasol • 1 pizca de nuez moscada
½ cucharita de cúrcuma
sal y pimienta

Preparación

1/   Enjuaga el brócoli, quítale los troncos más duros, y luego cuécelo al vapor de 10 a 15 minutos.

2/   Enjuaga los canónigos y quítales las raíces.

3/   Pon a calentar el aceite a fuego medio en una sartén grande, luego añade los canónigos. Salpimenta, agrega las especias y deja cocer 5 minutos, removiendo con regularidad, hasta que se marchiten.

4/   Pon los canónigos y sus jugos de cocción en el vaso de la trituradora, añade la nata y lícualos hasta obtener una crema bien homogénea.

5/   Sirve los ramos de brócoli regados con esta sabrosa crema.

Consejo

Puedes reemplazar los canónigos por berros, que tienen un sabor más picante. Puedes también variar el sabor de la crema utilizando otras especias: curry, cilantro fresco, jengibre rallado…

TRIUNFO PARA EL SISTEMA INMUNITARIO
El brócoli es, por sí mismo, un campeón para las defensas inmunitarias. Los canónigos, ricos en betacaroteno, refuerzan aún más esta excepcional acción.

Ramos de judías verdes con tomate

Ingredientes para 4 personas

1 kg de judías verdes frescas • 500 g de tomates bien maduros • 1 cebolla
3 dientes de ajo • 1 ramo de romero • 8 briznas largas de cebollino
3 cucharadas soperas de aceite de oliva • 1 pizca de pimienta de cayena
sal y pimienta

Preparación

1/   Limpia las judías verdes, quítales las puntas y cuécelas al vapor 15 minutos.

2/   Pela los tomates después de haberlos escaldado unos segundos en agua hirviendo, córtalos en dos, quítales las semillas y luego córtalos en dados.

3/   Pela la cebolla y córtala en juliana. Pela los dientes de ajo, divídelos en dos a lo largo para quitarles la parte central, y córtalos en juliana.

4/   Pon a calentar el aceite a fuego medio en una olla. Añade el ajo y la cebolla, y rehógalos 1 minuto removiendo. Luego agrega los tomates, la pimienta de cayena y el ramo de romero.

5/   Salpimenta, baja el fuego, tapa y deja hervir suavemente 20 minutos.

6/   Entibia las judías verdes unos minutos, luego haz con ellas pequeños ramos y átalos con las briznas de cebollino. Dispón con cuidado los ramos en la olla en la que se está preparando la salsa de tomate y déjalos que hiervan suavemente de 5 a 10 minutos. Sírvelos calientes.

Consejo

La salsa de tomate no debe estar demasiado líquida cuando pongas en ella los ramos de judías. Si es necesario, déjala reducir durante unos minutos sin tapar, a fuego fuerte, antes de terminar la preparación de esta receta. Puedes espolvorear este plato con brotes germinados en el momento de servir.

TRIUNFO PARA EL SISTEMA INMUNITARIO
Las patatas aportan glúcidos bastante rápidos que estimulan el funcionamiento cerebral. Las cebollas proporcionan antioxidantes y los champiñones aminoácidos y minerales. La nuez moscada es considerada como estimulante en la medicina china. Un triunfo más para mejorar los procesos de la memoria.

MI COCINA **PARA EL SISTEMA INMUNITARIO**

Bocados de col a la albahaca

Ingredientes para 4 personas

12 hojas grandes de col blanca • 150 g de rulo de cabra • 12 ramas de albahaca
3 dientes de ajo • 3 cucharadas soperas de pan rallado fino
2 cucharadas soperas de aceite de oliva
sal y pimienta

Preparación

1/ Precalienta el horno a 180°C (termostato 6).

2/ Enjuaga las hojas de col, quítales las partes duras de los lados y cuécelas al vapor 15 minutos.

3/ Enjuaga las hojas de albahaca y córtalas finamente.

4/ Pela los dientes de ajo, divídelos en dos a lo largo y retírales la parte central; luego hazlos puré con el prensador de ajos.

5/ Prepara el relleno mezclando el rulo de cabra, el puré de ajo, la albahaca cortada, 1 cucharada sopera de aceite de oliva y el pan rallado. Sala ligeramente, añade abundante pimienta y mezcla bien.

6/ Coloca una hoja de col sobre la superficie de trabajo. En el centro pon 1 cucharada sopera grande de relleno, después pliega la hoja de manera que forme un paquetito. Procede de la misma forma con el resto de los ingredientes.

7/ Dispón los paquetitos en una bandeja de horno, riégalos con el resto del aceite de oliva y llévalos al horno unos 15 minutos. Sírvelos calientes o tibios, acompañados de escarola.

Consejo

Si las hojas de col están bien enrolladas, los paquetitos se sostienen sin que los tengas que atar. Si no puedes, átalos con hilo de cocina. Puedes variar el sabor del relleno reemplazando el ajo y la albahaca por cebolla y cebollino, o bien añadiendo especias (comino, semillas de cilantro en polvo, jengibre en polvo...).

TRIUNFO PARA EL SISTEMA INMUNITARIO
La col es uno de los alimentos principales contra las infecciones, pues contiene numerosos nutrientes asociados a sustancias antisépticas. El ajo y la albahaca refuerzan esta acción globalmente inmunoestimulante.

Frambuesas gratinadas

Ingredientes para 4 personas

400 g de frambuesas • 3 cucharadas soperas de azúcar semirrefinado
3 huevos • 4 cucharadas soperas de nata líquida
1 vaina de vainilla

Preparación

1/ Precalienta el horno a 180°C (termostato 6).

2/ Enjuaga las frambuesas y déjalas escurrir en un colador.

3/ Corta la vaina de vainilla a lo largo, ponla en una cazuela con la nata y caliéntala a fuego lento. Retírala del fuego antes de que hierva y déjala entibiar.

4/ Separa las claras de las yemas. Bate a punto de nieve firme las claras.

5/ Retira la vaina de vainilla de la nata. Luego añade las yemas de huevo y el azúcar semirrefinado. Mezcla bien. Después incorpora las claras a punto de nieve, removiendo delicadamente con ayuda de una espátula.

6/ Coloca las frambuesas en un molde de barro apto para el horno. Vierte la preparación anterior por encima y lleva al horno.

7/ Hornea 20 minutos, luego aumenta la temperatura a 220°C (termostato 7 u 8) y gratina 3 minutos. Sirve tibio.

Consejo

Puedes utilizar frambuesas congeladas, pero en este caso tendrás que dejarlas descongelar en un colador, a fin de que sus jugos no dificulten la cocción. Pon el colador sobre un plato hondo para recuperar los jugos, que verterás por encima del gratinado en el momento de servir. También puedes preparar este postre usando moldes individuales.

TRIUNFO PARA EL SISTEMA INMUNITARIO
Las frambuesas son las responsables de la eficacia de este plato en el aspecto inmunitario. Esta fruta contiene, a parte de numerosos nutrientes, el ácido tánico, que estimula directamente nuestras defensas.

Granizado de frambuesas y lichis

Ingredientes para 4 personas

400 g de frambuesas · 400 g de lichis
1 cucharada sopera de té verde
70 g de azúcar glas

Preparación

1/ Enjuaga las frambuesas y déjalas escurrir en un colador.

2/ Tritura la mitad de las frambuesas, luego pásalas por el chino, a fin de eliminar las pepitas.

3/ Pon a calentar 50 cl de agua. Cuando hierva, retírala del fuego y vierte el té verde y el azúcar en polvo. Remueve y deja en infusión 10 minutos.

4/ Pela los lichis y córtalos en dos para quitarles la semilla.

5/ Cuela la infusión de té verde y añádela al puré de frambuesas.

6/ Mezcla bien, luego vierte la mezcla en un plato hondo, que ha de ponerse en el congelador durante de 2 horas, removiendo cada 15 minutos con un tenedor para ir rompiendo el hielo a medida que este se vaya formando.

7/ En el momento de servir, pon el granizado de frambuesa en el centro de 4 moldes individuales, luego pon alrededor los lichis y el resto de las frambuesas. Sirve inmediatamente.

Consejo

El éxito del granizado reside en la sutileza de sus cristales. No dudes en removerlo a menudo y en prolongar, de ser necesario, la congelación, hasta que tenga la consistencia idónea. Puedes reemplazar los lichis por lonchas de melocotón, marinadas en zumo de limón con canela y jengibre.

TRIUNFO PARA EL SISTEMA INMUNITARIO
Las frambuesas y los lichis aportan sus numerosos nutrientes. Asociados a los del té verde, estas frutas mejoran, de manera global, la respuesta inmunitaria.

Sandía con cilantro y miel

Ingredientes para 4 personas
½ sandía • 4 cucharadas soperas de miel líquida • ½ limón
1 ramo de cilantro fresco

Preparación

1/ Corta la sandía en lonchas, quítale la piel y las semillas, y córtala en cubos. Ponla a escurrir en un colador.

2/ Enjuaga las hojas de cilantro y córtalas groseramente.

3/ En una ensaladera vierte la miel y el zumo de limón, mezcla bien y añade el cilantro cortado.

4/ Agrega los cubos de sandía y conserva en la nevera hasta el momento de servir.

Consejo

La sandía se ablanda muy rápido, por eso es mejor no preparar este plato con mucha antelación. Lo ideal es dejar que este postre repose de 10 a 15 minutos, para que la mezcla de sabores se dé pero sin que la sandía tenga tiempo de perder su consistencia.

TRIUNFO PARA EL SISTEMA INMUNITARIO
Licopeno en la sandía, sustancias bactericidas en el cilantro, glúcidos energéticos en la miel: he aquí los principales nutrientes inmunoestimulantes de este postre, simple y sabroso.

Flan de ciruelas mirabeles

Ingredientes para 4 personas

500 g de ciruelas mirabeles • 4 huevos • ¼ litro de leche semidesnatada
4 cucharadas soperas de azúcar semirrefinado • 1 astilla de canela
5 g de mantequilla (para el molde)

Preparación

1/ Precalienta el horno a 180°C (termostato 6).

2/ Enjuaga las ciruelas, córtalas en dos para quitarles la semilla, luego ponlas a escurrir en un colador.

3/ Pon a calentar la leche con la canela en una cacerola a fuego lento. Cuando llegue al punto de ebullición, quítala del fuego y saca la canela. Déjala entibiar unos minutos.

4/ Bate los huevos enteros en un tazón con el azúcar semirrefinado, luego incorpora la leche tibia a la preparación.

5/ En un molde apto para el horno ligeramente untado con mantequilla, pon las ciruelas y vierte por encima la preparación. Hornea 30 minutos.

6/ Deja entibiar antes de servir.

Consejo

Si quieres que tu flan sea más cremoso, puedes utilizar leche entera o, mejor, añadir 3 cucharadas soperas de nata líquida en la preparación antes de verterla sobre la fruta.

TRIUNFO PARA EL SISTEMA INMUNITARIO
Las ciruelas mirabeles son un fruto precioso para el sistema inmunitario gracias a sus glúcidos, que proporcionan energía y a sus micronutrientes, sobre todo los minerales y los oligoelementos. Las proteínas aportadas por la leche y los huevos facilitan la producción de numerosas sustancias inmunitarias.

Compota de ciruelas rojas y especias

Ingredientes para 4 personas

*1 kg de ciruelas rojas bien maduras • 70 g de azúcar semirrefinado
3 anises estrellados • 2 clavos de olor • 1 trocito de jengibre fresco (de aproximadamente 30 g)
2 astillas de canela • 3 semillas de cardamomo
5 g de mantequilla*

Preparación

1/ Enjuaga las ciruelas y córtalas en dos para quitarles la semilla.

2/ Pela el jengibre y córtalo en juliana.

3/ Aplasta groseramente las semillas de cardamomo.

4/ Funde la mantequilla en una cacerola a fuego lento, y añade el jengibre. Dora 1 minuto, removiendo. Después agrega las semillas de cardamomo. Deja cocer 1 minuto más, y luego añade el resto de especias.

5/ Pon las ciruelas en la cacerola, luego el azúcar semirrefinado. Remueve bien, tapa y deja hervir suavemente al menos 30 minutos.

6/ Retira las especias antes de servir, tibia, con una crep o una bola de helado de vainilla.

Consejo

Para quitar más fácilmente las semillas de la compota, puedes ponerlas en un filtro individual de té. En este caso, pon solo a dorar el jengibre y coloca las otras especias en el saquito, aumentando un poco las cantidades.

TRIUNFO PARA EL SISTEMA INMUNITARIO
Jengibre, canela, cardamomo, anís... estas son especias que confieren a este postre una importante acción inmunitaria, además de los nutrientes propios de las ciruelas.

ciruelas   *pan integral*   *avellanas*

Crujientes de ciruelas con avellanas

Ingredientes para 4 personas

4 rebanadas muy finas de pan integral • 500 g de ciruelas
2 cucharadas soperas de avellanas peladas trituradas • 4 cucharadas soperas de miel líquida
¼ de cucharadita de canela en polvo
½ limón (zumo)

Preparación

1/ Precalienta el horno a 200°C (termostato 6 ó 7).

2/ Enjuaga las ciruelas, córtalas en dos para quitarles la semilla, y luego córtalas en láminas finas.

3/ En un tazón, mezcla la miel con la canela y el zumo de limón.

4/ Unta cada rebanada de pan con 1 cucharada de miel aromatizada, luego ponlas en una bandeja de horno. Cúbrelas con las avellanas trituradas.

5/ Hornea unos 10 minutos, hasta que el pan esté crujiente y las ciruelas doradas.

6/ Sirve inmediatamente, acompañadas de una crema inglesa o de un queso blanco suave.

Consejo

Elige un pan integral de miga compacta y pídele a tu panadero que te lo corte, para que las rebanadas sean, al mismo tiempo, regulares y finas. Puedes preparar esta receta con pan de nueces.

TRIUNFO PARA EL SISTEMA INMUNITARIO
El pan integral y las avellanas aportan una buena cantidad de vitaminas del grupo B, vitamina E y minerales indispensables. La canela contribuye con su acción bactericida.

yogur

frambuesas

Yogur especiado con salsita de frambuesas

Ingredientes para 4 personas

4 yogures en vaso de cristal • 400 g de frambuesas congeladas
½ naranja (zumo) • 3 cucharadas soperas de miel líquida • 2 cucharadas soperas de azúcar glas
¼ de cucharadita de jengibre en polvo • ¼ de cucharadita de canela en polvo
¼ de cucharadita de semillas de anís en polvo

Preparación

1/ Descongela las frambuesas en una ensaladera pequeña a temperatura ambiente.

2/ En un tazón, mezcla la miel y las especias. Añade el zumo de la media naranja. Mezcla bien.

3/ Vierte el contenido de los 4 yogures en un cuenco, luego agrega la preparación. Mezcla hasta obtener una crema lisa y homogénea.

4/ Enjuaga los vasos del yogur, luego rellénalos con el yogur aromatizado. Conserva en la nevera hasta el momento de servir.

5/ Cuando las frambuesas estén descongeladas, redúcelas a puré con un tenedor, después pasa este puré por el chino a fin de eliminar las pepitas. Añade el azúcar en polvo a esta mezcla. Sirve sobre los yogures especiados.

Consejo

Esta salsita es más fácil de preparar si la haces con los restos de las frambuesas descongeladas. Una doble ventaja, puesto que son menos caras que las frambuesas enteras.

TRIUNFO PARA EL SISTEMA INMUNITARIO
Este postre es muy eficaz, pues acumula nutrientes esenciales para el sistema inmunitario: fermentos lácteos, ácidos tánicos, vitaminas (sobre todo la preciosa vitamina E), glúcidos de buena calidad... Sin contar el efecto antiséptico y estimulante de las especias.

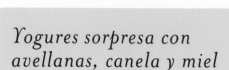

Yogures sorpresa con avellanas, canela y miel

Ingredientes para 4 personas

4 yogures en vaso de cristal • 4 orejones •3 cucharadas soperas de miel líquida + ½ cucharadita de miel para la presentación •4 avellanas enteras 3 cucharadas soperas de avellanas trituradas ½ cucharadita de canela en polvo

Preparación

1/ Calienta una sartén a fuego fuerte, luego pon a dorar las avellanas trituradas durante 2 minutos, removiendo sin parar.

2/ Corta los orejones en juliana y añádelos, fuera del fuego, a la sartén, así como la miel y la canela.

3/ Vierte el contenido de los 4 yogures en un tazón y reserva los vasos de vidrio. Añade la preparación y mezcla bien.

4/ Enjuaga los 4 vasos de yogur, y rellénalos de nuevo con la preparación. Reserva en la nevera hasta el momento de servir.

5/ En el último momento, decora la superficie de cada vaso con una avellana entera y un hilito de miel líquida.

Consejo

Puedes cambiar este postre variando los frutos secos y las especias. La mezcla de nueces, higos secos y jengibre, por ejemplo, es deliciosa.

TRIUNFO PARA EL SISTEMA INMUNITARIO
El yogur, buen amigo del equilibrio intestinal, es uno de los mejores alimentos para quien quiera estimular su sistema inmunitario. Las avellanas aportan numerosos minerales esenciales y los orejones son ricos en betacaroteno.

>>>   Lo que siempre debemos tener en casa

Para preparar buenos platos que estimulen la inmunidad, necesitarás algunos ingredientes suplementarios: sal y pimienta, por supuesto, pero también aceites vegetales, condimentos, especias, hierbas aromáticas... ¡Variarás los sabores y mantendrás el aburrimiento a distancia

Los aceites vegetales

No hay cocina inmunoestimulante sin buenos aceites vegetales. Mientras que las grasas animales pueden ser nefastas, taponando nuestras arterias, aumentando el almacenaje en las células grasas y obstruyendo nuestros órganos de eliminación, los aceites crudos son indispensables para el buen estado general del organismo. Sus ácidos grasos contribuyen a mantener la permeabilidad y la flexibilidad de las membranas celulares, lo que se ha comprobado que es muy importante para que las células inmunitarias puedan hacer bien su trabajo. Constituyen, por otro lado, una excelente fuente de vitamina E.

No existe un aceite más graso o menos graso que otro. Todos están compuestos por lípidos que tienen aproximadamente la misma densidad calórica (más o menos 880 calorías por cada 100 g). La diferencia entre los distintos aceites reside en la composición de sus ácidos grasos esenciales monoinsaturados o poliinsaturados (la familia a la que pertenecen los famosos omega-3 y omega-6). Variando los tipos de aceite que se consumen, estaremos variando la composición de los ácidos grasos esenciales que aportaremos al organismo. Es una buena manera de cubrir las necesidades sin pensar en ello.

Es preferible utilizar aceites vegetales de primera presión en frío (si es posible ecológicos), porque la extracción del aceite mediante calentamiento destruye una parte de los ácidos grasos, muy frágiles y poco resistentes a las altas temperaturas. Por la misma razón, lo más conveniente es consumirlos en crudo. Cuando tenemos necesidad de calentar un cuerpo graso, deberemos utilizar un aceite de sabor neutro que resista bien la temperatura (como el de cacahuete o el de girasol) y añadir, al final de la cocción, otro tipo de aceite crudo que incorpore todos sus nutrientes y su sabor particular.

ACEITE DE CACAHUETE	aporta sobre todo ácidos grasos monoinsaturados.
ACEITE DE MAÍZ	es rico en ácido oleico y en ácido linoleico.
ACEITE DE NUEZ	es rico, sobre todo, en ácido linoleico.
ACEITE DE OLIVA	es el campeón del ácido oleico.
ACEITE DE SÉSAMO	está bien equilibrado en ácido oleico y linoleico, pero contiene muy poco ácido alfalinolénico.
ACEITE DE SOJA	complementa bien al aceite de sésamo, puesto que aporta ácido oleico y ácido alfalinolénico.
ACEITE DE GIRASOL	aporta un poco de ácido alfalinolénico y de ácido oleico, y sobre todo una buena cantidad de ácido linoleico.
ACEITE DE CÁRTAMO	es rico en ácido linoleico y aporta un poco de ácido oleico.
ACEITE DE AVELLANA	es rico en ácido oleico.

Los vinagres

El empleo medicinal del vinagre se daba ya en la Antigüedad. Se utilizaban tanto para luchar contra la fiebre como para limpiar llagas. Posee, pues, una acción antibacteriana directa. Cuando lo consumes, el vinagre cambia su modo de actuar. Contribuye al mantenimiento del equilibrio ácido-básico del medio interior, lo cual es importante para garantizar una respuesta inmunitaria rápida y eficaz. En la cocina, puedes variar los vinagres: vinagre de sidra aromatizado con miel o jengibre; vinagre de vino natural o aromatizado con higos, frambuesas, cebollas, nueces... O bien vinagre balsámico, menos ácido y más gustoso, que se puede tomar solo o mezclado con las variedades anteriores.

La salsa de soja

Permite aromatizar naturalmente algunos platos. Antes de comprarla, debemos verificar en la etiqueta que no contiene aditivos químicos.

El pan natural

El pan es un alimento bastante completo que podemos consumir durante la comida a condición de no mezclarlo con otros glúcidos lentos. Es mejor el pan integral o semi-integral, porque el proceso de refinado que se requiere para que la harina sea blanca elimina gran parte de los nutrientes, que están contenidos en el envoltorio del grano de trigo. Además, el refinado convierte los glúcidos lentos en rápidos, más rápidamente asimilables y, por lo tanto, menos interesantes desde el punto de vista nutricional. Y lo más importante: compremos el pan elaborado con levadura natural. Esta levadura, preparada a partir de pasta de pan fermentada, contiene hongos microscópicos que predigieren ciertos elementos nutritivos del trigo, haciéndolo mucho más asimilable. La levadura química provoca un aumento de la masa de pan que se parece a la de la levadura, pero no produce transformación alguna de las sustancias difíciles de asimilar.

La miel

Reemplaza ventajosamente el azúcar blanco en la preparación de postres. Aunque esté compuesta por un 99 por ciento de azúcar, se trata de glucosa y fructosa mezcladas, que solicitan las funciones del páncreas de manera menos brutal. La miel contiene pocas vitaminas pero aporta minerales. Su sabor permite realzar el sabor de las ensaladas de frutas o de las cremas caseras.

La mantequilla

Es una fuente importante de vitamina A. Un poco de mantequilla cruda, de buena calidad, no puede perjudicar tus arterias. Evita cocerla y añádela al final de la cocción sobre la pasta, la verdura al vapor… Pero no abuses de ella.

El té

El té, en todas sus formas, contribuye a una buena respuesta inmunitaria. Contiene taninos, cuya composición es similar a la del polifenol presente en las semillas de uva. El té verde es más rico en taninos que el té negro, pues no ha sufrido fermentación antes de ser secado. Permite controlar naturalmente la tasa de colesterol sanguíneo. Los estudios muestran que contribuyen a la prevención de ciertos cánceres.

LA CÚRCUMA	generalmente envasada en polvo, es una verdadera estimulante inmunitaria. En la tradición india, se utiliza como una verdadera planta medicinal con virtudes bactericidas. Contiene un pigmento (la curcumina) con virtudes antioxidantes.
LA VAINILLA	dulce y caliente, se utiliza tradicionalmente como un tonificante ligeramente afrodisíaco. Como todos los estimulantes, mejora ligeramente la respuesta inmunitaria
EL JENGIBRE	tonificante mundialmente conocido, actúa sobre numerosas funciones, sobre todo el sistema inmunitario. Tiene, en particular, una acción antiviral importante. El jengibre se utiliza fresco, rallado o seco en polvo.
LA CANELA	a menudo utilizada en polvo, forma parte del arsenal antiinfeccioso de las medicinas tradicionales. Es sobre todo reputada por su acción contra las infecciones respiratorias, digestivas o urinarias.
EL AZAFRÁN	purifica el medio intestinal, facilitando así la respuesta inmunitaria.

Las hierbas aromáticas

EL LAUREL	contiene sustancias antibióticas. Es por esta razón que forma parte tradicionalmente de las marinadas: suprime directamente los gérmenes que pueden desarrollarse durante la cocción.
EL ROMERO	no solo estimula la digestión y contiene flavonoides en la acción antioxidante, sino que esconde sustancia antisépticas. El aceite esencial de romero es, por otra parte, utilizado en la medicina tradicional para luchar contra numerosas infecciones.
EL TOMILLO	contiene, como el romero, sustancias antisépticas muy útiles para ayudar al sistema inmunitario a sacar adelante su incesante trabajo.
EL PEREJIL	muy rico en vitamina C, es un nutriente precioso antiinfeccioso que se puede añadir a aquellos platos que no la contienen en cantidad suficiente.
EL CILANTRO	una hierba aromática que se utiliza fresca, contiene sustancias bactericidas muy útiles cuando se desea estimular la inmunidad.
LA ALBAHACA	es un arma de choque para luchar contra los parásitos intestinales.
LA PIMENTA	ejerce también una acción directa sobre los gérmenes susceptibles de instalarse en los intestinos.

> > >   ÍNDICE DE MATERIAS

>>> ÍNDICE POR PRODUCTOS

AGRADECIMIENTOS

Doy las gracias a todos aquellos que, de cerca o de lejos, me han conducido a publicar estos libros:

A mi madre y mi tía, a través de las cuales fui iniciada en el arte de la cocina.

A mis hijos, Alma, Basile y Jonas, primeras cobayas de todas mis recetas.

A los médicos e investigadores en nutrición cuyas obras me han guiado durante tantos años: la doctora Catherine Kousmine, el doctor Jean-Paul Curtay, y muchos otros...

Al doctor Yann Rougier, de quien hago especial mención por su gentileza y competencia.

Finalmente, a todo el equipo de ediciones Minerva y particularmente a Florence, Jeanne, Aurélie, Patricia... por su entusiasmo y su profesionalidad.

Título de la edición original Ma cuisine. Immunité

Es propiedad, 2008
© Éditions Minerva, Ginebra, Suiza

© de la edición en castellano, 2011:
Editorial Hispano Europea, S. A.
Primer de Maig, 21 – Pol. Ind. Gran Via Sud
08908 L'Hospitalet – Barcelona, España.
E-mail: hispanoeuropea@hispanoeuropea.com
Web: www.hispanoeuropea.com

© de la traducción: Pilar Guerrero

Depósito Legal: B. 928-2011

ISBN: 978-84-255-1978-9

Consulte nuestra web:
www.hispanoeuropea.com

Impreso en España
T. G. Soler, S. A.
Enric Morera, 15
08950 Esplugues de Llobregat